시편 1편

1 복 있는 사람은 악인들의 꾀를
따르지 아니하며 죄인들의 길에
서지 아니하며 오만한 자들의
자리에 앉지 아니하고

2 오직 여호와의 율법을
즐거워하여 그의 율법을 주야로
묵상하는도다

³ 그는 시냇가에 심은 나무가 철을
따라 열매를 맺으며 그 잎사귀가
마르지 아니함 같으니 그가 하는
모든 일이 다 형통하리로다

⁴ 악인들은 그렇지 아니함이여
오직 바람에 나는 겨와 같도다

⁵ 그러므로 악인들은
심판을 견디지 못하며
죄인들이 의인들의 모임에
들지 못하리로다

본회퍼의 시편 이해 ───────

믿음이란 한 알의 밀알이 땅에 떨어져 죽음으로 많은 열매를 맺음과 같이 진리의
열매를 위하여 스스로 죽는 것을 뜻합니다. 눈으로 볼 수는 없으나 영원히 살아 있는
진리와 목숨을 맞바꾸는 자들을 우리는 믿는 이라고 부릅니다.
「믿음의 글들」은 평생, 혹은 가장 귀한 순간에 진리를 위하여 죽거나 죽기를 결단하는
참 믿는 이들의, 참 믿는 이들을 위한, 참 믿음의 글들입니다.

본회퍼의 시편 이해 ——————— 기도의 책

Dietrich Bonhoeffer
Die Psalmen : Das Gebetbuch der Bibel

디트리히 본회퍼 지음
최진경 옮김

홍
성
사.

일러두기

• 이 책은 2007년에 발행된 《본회퍼의 시편 이해》의 개정판입니다.
• 본문의 성경 구절은 개역개정판을 사용했습니다. 원문에는 있으나 한글 성경에
  없는 구절은 번역하여 추가했습니다. 원문에 수록된 시편을 별면으로 구성하여,
  한 구절 한 구절 묵상할 수 있도록 편집하였습니다.
• 성경 인용에서 장절 구분이 원문과 다른 경우 한글 성경의 장절 구분을 따랐습니다.
• 14쪽의 사진은 Bildarchiv Foto Marburg의 허가를 받아 사용했습니다.

디트리히 본회퍼의 둘째 형인 발터 본회퍼는 1차
세계대전 때 총에 맞아 전사했다. 그의 유품 중 하나였
던 성경은 혈흔이 남은 채로 어머니께 전해졌다. 본회
퍼의 어머니는 이 성경책을 오랫동안 간직했다가, 본회
퍼의 견진례 때 선물했다. 본회퍼는 이 성경책으로 평
생 동안 묵상했고, 신학을 연구할 때도 늘 이 성경책을
사용했다. 시편을 연구할 때도 예외가 아니었다.

본회퍼는 1935년 여름, "시편 속의 그리스도Christus in
den Psalmen"라는 제목으로 강연을 했다. 그는 핑켄발데 신
학교 시절에 《나를 따르라Nachfolge》(1937)와 《신도의 공동
생활Gemeinsames Leben》(1939)을 집필했고, 《본회퍼의 시편
이해Das Gebetbuch der Bibel−Eine Einführung in die Psalmen》(1940)는 핑
켄발데 신학교 학생들의 기도훈련을 위해 집필되었다.

이 책은 본회퍼의 기도의 이해에 관한 내용을 담고
있다. 디트리히 본회퍼의 삶과 신학의 정선율定旋律은
기독론Christologie이다. 그는 시편을 이해할 때도 '예수의
기도서'라고 보았다. 그에 따르면 어느 누구도 스스로
는 기도할 수 없으며, 반드시 예수 그리스도의 도움으

로 기도할 수 있다(21쪽).

"온 마음과 의지가 그리스도께서 가르쳐 주신 기도 가운데로 들어간다면, 우리는 바르게 기도할 수 있습니다. 예수 그리스도 안에서만 우리는 기도할 수 있으며, 그분과 더불어 우리의 기도가 받아들여질 것입니다"(23쪽).

"성경의 모든 기도는 예수 그리스도와 함께 드리는 기도이고, 우리를 예수 안에서, 예수를 통해 하나님 앞으로 데려갑니다"(27쪽).

본회퍼는 예수 그리스도 안에서 기도하기 위해서는 기도하는 법을 배워야 한다고 말한다. 이는 하나님의 언어를 따라하면서 가능한데, 그 하나님의 언어는 하나님의 말씀이다. 그는 특히 '시편'을 통해 예수 그리스도의 기도하는 법을 배울 수 있다고 본다.

'시편'이 어떻게 '예수 그리스도의 기도'가 될 수 있는가? 본회퍼는 다윗이 시편의 대부분을 지었으며, 다윗을 메시아적인 왕으로 볼 수 있기 때문에, 다윗의 후손이자 기름부음 받으신 예수는 시편의 기도자가 될 수 있다고 주장한다.

연대기적으로는 다윗의 시편이 예수의 기도가 될 수 없다. 그러나 본회퍼는 다윗의 후손인 예수 그리스도의 기도가 다윗과 함께한 기도라고 말한다. 다윗이 기도하고 그리스도께서 그 기도를 인용한 것으로 보기보다는, "그리스도 자신이 직접 그의 선조 다윗 안에서 기도한 것"(34쪽)이라고 본다. 이러한 진술은 철저히 '위로부터 아래로의 신학'을 추구하는 본회퍼의 신학 담론의 특이성을 담고 있다.

"성경은 다윗을 하나님이 택하신 백성의 왕으로 기름부음 받은 자이자, 예수 그리스도의 예표라고 증언합니다. 다윗에게 일어나는 일은, 그의 안에 있어 후에 태어날 예수 그리스도를 위하여 일어나는 것입니다"(34쪽).

또한 본회퍼는 시편의 주요 주제들을 창조, 율법, 구속사, 메시아, 교회, 생명, 고난, 죄, 원수들, 종말로 나누고, 이 모든 부분이 '주기도문'에 들어 있다고 말한다. 시편 전체는 예수의 기도문 안에 있으며(51쪽), 그렇기 때문에 시편의 기도야말로 예수 그리스도의 기도이다.

　　본회퍼의 신학은 '예수 그리스도의 그 무엇'으로
규정할 수 있다. '예수 그리스도의 교회', '예수 그리스
도의 행위와 존재', '예수 그리스도의 창조', '예수 그리
스도의 은혜', '예수 그리스도의 현실' 등이다. 본회퍼가
시편을 '예수 그리스도의 기도서'라고 규정한 것은 본
회퍼의 그리스도 중심적인 신학 담론의 측면에서 보면
그리 놀랄 일은 아니다. 그러나 시편의 기자들, 특히 다
윗보다 훨씬 후대에 현존하신 예수께서 어떻게 시편의
기도자가 될 수 있는가 하는 연대기적 근거에 의한 물
음을 쉽게 피해 갈 수 없다. 이에 대해 본회퍼는, 기름부
음 받은 왕 다윗의 자손인 예수 그리스도를 시편 속 다
윗 기도들의 주체로 보면서, '그리스도 중심적'이라는
자신의 신학적 일관성을 벗어나지 않는다. 이방 민족들
로부터 이스라엘을 보호하기 위해 기름부음 받은 왕 다
윗! 그가 시편으로 드린 기도는 온 인류의 죄를 구속하
기 위해 기름부음 받은, 메시아 예수 그리스도의 기도
가 된다.

　　예수 그리스도께서 제자들에게 가르쳐 준 기도, 즉
주기도문 안에는, 창조부터 종말까지 시편의 주제들이

모두 축약되어 있다. 본회퍼는 이 책을 통해 예수 그리스도와 함께, 예수 그리스도 안에서 '시편으로 기도하기'라는 과제를 오늘 여기의 그리스도인들에게 여전히 제시한다.

2019년 10월

김성호 •

김성호 본회퍼 연구가. 서울신학대학교 및 대학원을 졸업하고 독일 하이델베르크대학교에서 석사, 독일 오스나뷔르크대학교에서 "교회의 과제로서의 평화설립—디트리히 본회퍼의 교회론과 평화윤리 그리고 한국에서의 영향사"라는 논문으로 박사 학위(Ph. D.)를 받았다. 2013년 세계본회퍼학회 선정 최우수논문상을 수상했으며, 현재 대부천교회 부목사, 서울신학대학교 강사로 재직 중이다. 저서로 《디트리히 본회퍼의 신학사상 연구》(동연, 2017, 공저)와 《디트리히 본회퍼의 타자를 위한 교회》(동연, 2018)가 있다.

차례

《본회퍼의 시편 이해 Die Psalmen. Das Gebetbuch der Bibel》가
벌써 열네 번째 판版을 발행하게 되었습니다. 이 책과
관련된 기억이 몇 가지 있습니다. 그중 하나는 악기를
연주하는 다윗의 그림을 고르던 일입니다. 어느 날 우
연히 이 그림을 발견하고 그것을 디트리히 본회퍼의 이
책에 사용하기로 했습니다.

아쉽게도 지금은 그때의 원고도 없어졌고 이 책
을 만들게 된 동기를 담은 서신도 더 이상 남아 있지 않
습니다. 본회퍼는 특히 시편에 오랫동안 몰두했습니
다. 이는 핑켄발데 신학원과 동東-포메른 지역의 목사
후보생• 교육기관(쾨슬린, 그로스-슐뢴비츠, 지구어츠호프 지역)
에서 예배와 묵상 시간에 시편을 실제로 사용하기 위
해, 그리고 시편에 담긴 신학적 · 해석학적 의미를 전해
주기 위해서였습니다. 1935년 여름, 본회퍼는 우리에

목사후보생으로 번역한 'Vikar'는 독일 개신교에서 대학교 신학부를
졸업하는 학생이 목사가 되고자 할 때 목사고시 전前 단계 시험인 '1차
교회고시'에 통과한 사람을 일컫는다. 교회에서 공식적으로 목사를 보
좌하여 설교하고 가르칠 수 있는 권한을 가지며 교회직을 수행할 수 있
다. 한국 교회의 직분과 비교할 경우, 교단에 따라 '강도사' 혹은 '준목
사'에 해당되는 용어이다.

게 "시편 속의 그리스도Christus in den Psalmen"(본회퍼 작품전집 GS III 294쪽 이하)라는 제목으로 강연을 한 적이 있습니다. 그 강연 후에 본회퍼의 인도로 다윗 왕과 성벽 건축에 대한 성경 공부를 시작했습니다. 이 성경 공부는 우리 에게 익숙한 역사-비평적 해석 방법을 고수하지 않고, 말씀들의 단편적인 생성 역사보다는 정경正經 속의 사 실을 더 진지하게 다루는 것이었습니다. 1939년경 엠베 카MBK 출판사는 〈성경 속으로Hinein in die Schrift〉라는 시리 즈 중 시편 부분을 맡아 달라고 본회퍼에게 제안했고, 그는 기꺼이 맡기로 하였습니다. 이것은 사실상 본회퍼 가 1941년 저술활동 금지 명령을 받기 직전의 일로, 그 의 생전에 출판된 마지막 작품이었습니다.

이번에 개정판을 출간하여 이 다윗 그림을 다시 사 용하는 것에는 의미가 있습니다. 그것은 단지 하프를 연주하며 시편을 노래하는 다윗의 모습이 새겨진 보름 스 성당의 조각상을 좋아해서가 아닙니다. 다윗은 시편 으로 기도하는 그리스도인들에게 역사-비평적 해석 방 법 때문에 사라졌던 기도를 되찾도록 하는 데 의미 있 는 인물이기 때문입니다. 다윗은 시편으로 기도하는 하나님의 자녀들과 더불어 구원 경험의 연속성을 공유하며 그리스도의 선조와 그의 약속을 연결시키는 것을 저 오래된 시편의 생성 역사보다 훨씬 중요하게 생각했습니다.

에버하르트 베트게[*]

---

[*] **Eberhard Bethge(1909-2000)** 본회퍼의 제자이자 절친한 친구이며 조카사위이기도 하다. 본회퍼의 유고遺稿는 대부분 베트게를 통해 출판되었다.

⁶ 무릇 의인들의 길은 여호와께서
인정하시나 악인들의 길은
망하리로다

시편 8편 <small>다윗의 시. 인도자를 따라 깃딧에 맞춘 노래</small>

¹ 여호와 우리 주여 주의 이름이
온 땅에 어찌 그리
아름다운지요 주의 영광이
하늘을 덮었나이다

² 주의 대적으로 말미암아
어린 아이들과 젖먹이들의 입으로
권능을 세우심이여 이는
원수들과 보복자들을 잠잠하게
하려 하심이니이다

³ 주의 손가락으로 만드신 주의
하늘과 주께서 베풀어 두신
달과 별들을 내가 보오니

"주여, 우리에게
기도를 가르쳐 주옵소서!"

　　"주여, 우리에게 기도를 가르쳐 주옵소서!" 제자들이 예수께 간청했습니다. 그들 스스로에게는 기도할 수 있는 능력이 없음을 고백한 것입니다. 그들은 기도하는 법을 배워야만 했습니다. 기도하는 법을 배운다! 이것은 어쩌면 모순처럼 들릴 수 있습니다. 우리는 흔히 마음이 너무 힘들면, 스스로 기도를 시작하거나 아예 기도를 포기한다고 말하곤 합니다. 그러나 이것은 위험한 착각입니다. 오늘날 기독교에는, 마음이 본래 기도를 할 수 있는 것처럼 여기는 생각이 널리 퍼져 있습니다. 우리는 종종 마음에 저절로 생기는 모든 것, 즉 소원·소망·한탄·하소연·찬양을 기도와 혼동하곤 합니다. 이는 땅과 하늘, 인간과 하나님을 혼동하는 것과 마찬가지입니다. 기도한다는 것은 단순히 속마음을 털어놓는다는 뜻이 아닙니다. 기도는 가득 차 있는 마음 혹은 텅 빈 마음으로 하나님의 뜻을 찾으며 그분과 대화하는 것입니다. 어느 누구도 자기 스스로는 기도할 수 없습니다. 우리의 기도에는 반드시 예수 그리스도가 필요합니다.

　　제자들은 기도하고 싶었습니다. 그러나 어떻게 기

도해야 할지 알지 못했습니다. 하나님과 대화하고 싶
지만 대화할 수 없고, 그분 앞에 벙어리처럼 서 있는 것
은 커다란 고통입니다. 모든 부르짖음이 속에서만 메아
리치다 사라지고, 마음과 입술이 서로 다르게 말하기
때문에 하나님께서 그 기도를 듣지 않으신다고 느끼게
됩니다. 엄청난 고난에 빠져 있을 때, 우리는 우리를 도
와줄 사람, 기도해 줄 사람을 찾습니다. 나를 위해 기도
해 주는 사람을 만나고 또 함께 기도하는 것은 얼마나
큰 힘이 되는지요! 열심히 기도하는 그리스도인은 분
명 기도로 많은 도움을 줄 수 있습니다. 그러나 그 역시
그의 기도를 도우시는 분을 통해서만 다른 사람을 도울
수 있습니다. 그가 참된 기도의 선생이라면 우리에게
알려 줄 바로 그분, 예수 그리스도를 통해서 말입니다.
그런데 만약 예수 자신이 우리를 기도 속으로 이끌어
주셔서 우리가 예수의 기도로 기도한다면, 그리고 예
수께서 자신의 방법으로 우리를 직접 하나님께로 이끄
시며 기도하는 법을 가르쳐 주신다면, 우리는 기도하지
못했던 고통에서 벗어날 것입니다. 이는 예수 그리스도
께서 원하시는 바입니다. 주님이 우리와 함께 기도하시

고, 우리가 주님이 가르쳐 주신 기도로 그분과 기도할
때 하나님이 우리의 기도를 들으신다고 확신하며 기뻐
할 수 있습니다. 온 마음과 의지가 그리스도께서 가르
쳐 주신 기도 가운데로 들어간다면, 우리는 바르게 기
도할 수 있습니다. 예수 그리스도 안에서만 우리는 기
도할 수 있으며, 그분과 더불어 우리의 기도가 받아들
여질 것입니다.

그러기 위해서 우리는 기도하는 법을 '배워야' 합
니다. 어린아이는 아버지가 건네는 말을 통해 말하는
법을 배웁니다. 즉, 아버지의 언어를 배우는 것입니다.
이처럼 우리도 하나님께 말하는 법을 배워야 합니다.
왜냐하면 하나님께서 우리에게 말씀하셨고, 말씀하시
기 때문입니다. 하나님의 자녀는 하늘에 계신 아버지의
언어로 그분과 대화하는 법을 배웁니다. 우리의 기도는
하나님의 언어를 따라 말하면서 시작됩니다. 우리의 거
짓된 마음과 혼란스러운 언어가 아닌, 하나님이 예수
그리스도를 통해 우리에게 말씀하신 분명하고도 깨끗
한 언어로 말해야 합니다. 그러면 하나님은 우리의 기
도에 귀 기울여 주실 것입니다.

예수 그리스도 안에 있는 하나님의 언어는 성경을
통해 접하게 됩니다. 확신과 기쁨으로 기도하고 싶다면
성경이 확고한 토대가 되어 줄 것입니다. 하나님의 말
씀이신 예수 그리스도께서 우리에게 기도하는 법을 가
르쳐 주신다는 것을 우리는 압니다. 하나님으로부터 나
오는 말씀은 우리가 하나님을 찾아가는 발판이 됩니다.

⁴ 사람이 무엇이기에 주께서 그를
생각하시며 인자가 무엇이기에
주께서 그를 돌보시나이까

⁵ 그를 하나님보다 조금 못하게
하시고 영화와 존귀로 관을
씌우셨나이다

⁶ 주의 손으로 만드신 것을
다스리게 하시고 만물을
그의 발 아래 두셨으니

7 곧 모든 소와 양과 들짐승이며

8 공중의 새와 바다의 물고기와
바닷길에 다니는 것이니이다

9 여호와 우리 주여
주의 이름이 온 땅에
어찌 그리 아름다운지요

예수님의 이름으로
기도하는 법 배우기

성경을 이루고 있는 여러 책 중에서 오직 기도문으로만 이루어진 책이 한 권 있습니다. 성경 속에 기도의 책이 있다는 것은 매우 놀라운 일입니다. 성경은 우리를 향하신 하나님의 말씀이지만 기도는 인간의 말이지 않습니까! 그런데 어떻게 인간의 말인 기도문이 성경에 속하게 되었을까요? 성경은 하나님의 말씀이고 하나님께 드리는 시편 '기도' 역시 하나님의 말씀입니다. 이 점을 절대 오해해서는 안 됩니다. 이해하기가 좀 힘들 수도 있습니다. 그렇지만 올바른 기도는 오직 예수 그리스도에게서 배울 수 있다는 사실, 우리 인간들과 함께 사셨던 하나님의 아들의 말씀이 영원히 사시는 하나님 아버지께 기도가 되는 것을 알기만 한다면, 우리는 이것을 이해할 수 있습니다. 예수 그리스도는 인간의 모든 고난, 모든 기쁨, 모든 감사, 모든 소망을 하나님 앞으로 가져갑니다. 그의 입술에서 나오는 인간의 말은 하나님의 말씀이 됩니다. 우리가 예수의 기도로 기도한다면, 하나님의 말씀은 다시 인간의 말이 됩니다. 그래서 성경의 모든 기도는 예수 그리스도와 함께 드리는 기도이고, 우리를 예수 안에서, 예수를 통해 하나님 앞으로 데려갑니다. 그렇지 않은 기도는 전혀 바른 기도가 아닙니다. 우리는 오직 예수 그리스도 안에서, 예수 그리스도와 함께라야만 바른 기도를 드릴 수 있기 때문입니다.

그러므로 성경의 기도들, 특히 시편을 읽고 시편으로 기도하고 싶다면, 그 시편이 '우리'와 무슨 관계가 있냐고 묻기 전에 먼저 '예수 그리스도'와 어떤 연관이 있는지 물어야 합니다. 시편을 어떻게 하나님의 말씀으로 이해해야 하는지 물어야 합니다. 그런 다음에서야 비로소 시편으로 기도할 수 있습니다. 시편이 우리의 감정 상태를 얼마나 잘 표현하는지와는 상관이 없습니다. 올바르게 기도하기 위해서는 자신의 마음과 다르게 기도할 수도 있어야 합니다. 당장 기도하고 싶다는 우리의 마음보다 더 중요한 것은, 하나님이 왜 우리가 기도하길 원하시는지 아는 것입니다. 우리 자신에게만 초점을 맞춘다면, 주기도문의 네 번째 간구로만 기도하게 되고 맙니다. 하나님은 우리의 기도가 달라지길 원하십니다. 우리의 가난한 마음이 아니라, 하나님 말씀의 부요함이 우리의 기도를 가득 채우길 원하십니다.

성경 속에 기도책이 있다는 것은 하나님이 우리에게 하시려는 말씀뿐만 아니라, 우리에게 듣기 원하시는 바 역시 하나님의 말씀이라는 의미입니다. 하나님의 말씀은 바로 그의 사랑하는 아들의 말씀이기 때문입니다. 어떻게 하나님과 대화하고 교제할 수 있는지 말씀해 주신 것은 하나님의 큰 은혜입니다. 우리는 예수 그리스도의 이름으로 기도함으로써 이렇게 할 수 있습니다. 이를 위해 시편이 우리에게 주어졌습니다. 우리는 시편을 통해 예수 그리스도의 이름으로 기도하는 법을 배울 수 있습니다.

기도하길 원했던 제자들의 간청에 따라 예수께서는 주기도문을 가르쳐 주셨습니다. 이 기도문에는 간구해야 할 모든 것이 들어 있습니다. 주기도문의 간구에 포함되는 것이 바로 기도이고, 그 안에 포함되지 않는 것은 기도가 아닙니다. 성경 속의 모든 기도는 주기도문으로 요약됩니다. 성경 속의 모든 기도는 주기도문의 측량할 수 없는 광대함 속에 다 들어 있습니다. 그 기도들은 주기도문에 의해 불필요해지는 것이 아니라, 주기도문의 무한한 부요함이 됩니다. 주기도문은 그 기도들의 왕관이자 통일성이기 때문입니다. 루터는 시편에 대해 이렇게 말하고 있습니다. "시편은 주기도문을 통해, 주기도문은 시편을 통해, 서로를 더 분명히 이해하게 해주고 자연스럽게 조화되도록 이끈다."

주기도문은 우리가 예수 그리스도의 이름으로 기도하는지, 아니면 자신의 이름으로 기도하는지를 가려주는 시금석이 됩니다. 그러므로 시편이 신약성경과 연결되어 있다고 보는 시각은 바람직합니다. 시편은 예수 그리스도 교회의 기도이며, 또한 주기도문 속에 들어 있습니다.

다윗의 시. 인도자를 따라 아얠렛사할에 맞춘 노래.
쫓기고 있는 암사슴에 대한 노래.

1 내 하나님이여 내 하나님이여
어찌 나를 버리셨나이까
어찌 나를 멀리하여 돕지
아니하시오며 내 신음 소리를
듣지 아니하시나이까

2 내 하나님이여 내가 낮에도
부르짖고 밤에도 잠잠하지
아니하오나 응답하지
아니하시나이다

³ 이스라엘의 찬송 중에 계시는
주여 주는 거룩하시니이다

⁴ 우리 조상들이 주께 의뢰하고
의뢰하였으므로 그들을
건지셨나이다

⁵ 그들이 주께 부르짖어 구원을
얻고 주께 의뢰하여 수치를
당하지 아니하였나이다

시편의
기도자

150편의 시편 가운데 다윗 왕이 73편, 다윗이 임명한 음악가 아삽이 12편, 다윗의 지도하에 레위 지파의 음악 가문인 고라 자손이 12편, 솔로몬 왕이 2편, 다윗과 솔로몬 시대의 음악가 헤만과 에단이 각각 1편씩을 썼습니다. 이것만 보아도 시편을 특별히 다윗의 이름과 연결시키는 것은 충분히 이해할 만합니다.

다윗에 따르면 그는 자신이 비밀리에 왕으로 기름부음을 받은 후, 하나님께 버림받고 악신惡神에게 시달리던 사울 왕을 위해 하프 연주를 하도록 부름을 받았다고 합니다. 그래서 "하나님께서 부리시는 악령이 사울에게 이를 때에 다윗이 수금을 들고 와서 손으로 탄즉 사울이 상쾌하여 낫고 악령이 그에게서"(삼상 16:23) 떠났습니다.

이것은 다윗의 시작詩作 활동 초기에 해당합니다. 다윗은 왕으로 기름부음을 받았을 때, 하나님의 영의 능력을 받아 노래로 악신을 쫓아낼 수 있게 되었습니다. 우리에게 전해진 그의 시편 가운데 기름부음 받기 전의 작품은 한 편도 없습니다. 메시아적 왕, 그 가계에서 약속된 왕 예수 그리스도가 탄생할 다윗 왕이 이 노

34

래들로 기도했고, 이는 나중에 성경의 정경으로 기록되었습니다.

성경은 다윗을 하나님이 택하신 백성의 왕으로 기름부음 받은 자이자, 예수 그리스도의 예표라고 증언합니다. 다윗에게 일어나는 일은, 그의 안에 있어 후에 태어날 예수 그리스도를 위하여 일어나는 것입니다. 그리고 다윗은 이것을 분명히 인식하고 있어서, 성경은 "그는 선지자라 하나님이 이미 맹세하사 그 자손 중에서 한 사람을 그 위에 앉게 하리라 하심을 알고 미리 본 고로 그리스도의 부활을 말하되"(행 2:30-31)라고 기록하고 있습니다.

다윗은 자신의 직분과 삶, 그리고 자신의 언어로 그리스도를 증거했습니다. 신약도 이것을 말하고 있습니다. 다윗의 시편에서 이미 약속된 그리스도 자신이(히 2:12, 10:5) 또는 성령이 말씀하십니다(히 3:7). 다윗이 말하는 것과 똑같은 말을 다윗 안에서 미래의 메시아가 말씀하셨습니다. 다윗의 기도는 그리스도가 다윗과 함께, 아니, 오히려 그리스도 자신이 직접 그의 선조 다윗 안에서 기도한 것이라 할 수 있습니다.

  신약성경의 이 짧은 언급은 시편 전체에 중요한 빛을 던져 줍니다. 그것은 다윗을 그리스도와 연관 지어 줍니다. 이것을 구체적으로 어떻게 이해해야 하는지는 여전히 숙고해야 할 문제입니다. 그러나 여기서 중요한 점은 다윗이 단지 자기 마음의 감동대로 기도했다기보다는, 그 안에 내주하시는 그리스도가 기도했다는 점입니다. 시편의 기도자는 비록 자기 자신이 기도하는 것이긴 했지만, 이미 그리스도가 그 안에, 그와 함께 계셨던 것입니다. 노인이 된 다윗의 마지막 말이 이것을 은밀하게 암시해 줍니다.

  "이는 다윗의 마지막 말이라 이새의 아들 다윗이 말함이여 높이 세워진 자, 야곱의 하나님께로부터 기름부음 받은 자, 이스라엘의 노래 잘하는 자가 말하노라 여호와의 영이 나를 통하여 말씀하심이여 그의 말씀이 내 혀에 있도다"(삼하 23:1-2). 그리고 장차 오실 의의 왕 곧 예수 그리스도에 대한 다윗의 마지막 예언이 이어집니다.

  앞서 언급한 것을 다시 떠올려 봅시다. 시편을 다윗이 모두 지은 것은 분명 아닙니다. 그리고 신약성경에서도 그리스도가 시편 모두를 언급했다고는 말하지 않습니다. 그러나 적어도 이 말은 다윗의 이름과 연결된 모든 시편이 아주 중요하며, 예수는 자신의 죽음과 부활, 그리고 복음을 시편 전반이 선포하고 있음을 말합니다(눅 24:44 이하).

한 인간과 예수 그리스도가 동시에 시편으로 기도하는 것이 어떻게 가능할까요? 그것은 모든 인간의 연약함을 자신의 몸에 짊어지고 인간이 되신 하나님의 아들 예수 그리스도, 그가 바로 이곳에서 전 인류의 마음을 하나님 앞에 털어놓고, 우리를 대신해서 우리를 위해 기도하시기 때문에 가능합니다. 그는 고통과 고난, 죄와 죽음을 우리보다 더 깊이 알고 계시는 분입니다. 바로 이 때문에 그의 기도는 그가 받으신 인성으로 드리는 기도이며, 하나님 앞에 상달되는 것입니다. 그것은 진정 우리의 기도입니다. 그러나 또 그 기도가 진정 예수의 기도인 것은 우리가 우리 자신을 아는 것보다 그가 우리를 더 잘 아시기 때문이며 그분이 우리를 위한 참된 인간이시기 때문입니다. 그 기도는 바로 예수의 기도였기 때문에 우리의 기도가 될 수 있습니다.

누가 시편으로 기도합니까? 다윗(솔로몬, 아삽 등)이
기도했고 그리스도가 기도했으며 우리가 기도합니다.
우리란 바로 온 교회로서, 오직 이 교회 속에서만 시편
의 모든 풍성함을 기도로 드릴 수 있고, 우리는 또한 마
침내 한 사람 한 사람으로서 그리스도와 자신의 교회에
참여하여 기도하게 됩니다. 다윗, 그리스도, 교회, 나 자
신, 그리고 우리가 이 모든 것을 함께 묵상할 때 하나님
이 우리에게 기도를 가르치기 위해 가셨던 놀라운 길을
깨닫게 될 것입니다.

6 나는 벌레요 사람이 아니라
사람의 비방 거리요 백성의
조롱거리니이다

7 나를 보는 자는 다 나를
비웃으며 입술을 비쭉거리고
머리를 흔들며 말하되

8 그가 여호와께 의탁하니
구원하실걸, 그를 기뻐하시니
건지실걸 하나이다

⁹ 오직 주께서 나를 모태에서
나오게 하시고 내 어머니의
젖을 먹을 때에 의지하게
하셨나이다

¹⁰ 내가 날 때부터 주께 맡긴 바
되었고 모태에서 나올 때부터
주는 나의 하나님이 되셨나이다

¹¹ 나를 멀리하지 마옵소서
환난이 가까우나 도울 자
없나이다

제목, 음악, 구절

시편의 히브리어 제목은 "찬송가"(성가)입니다. 시편 72편 20절에서는 이전의 모든 시편을 "다윗의 기도"라고 부르고 있습니다. 이 두 가지 명칭은 놀라우면서도 한편으로는 이해할 만합니다. 언뜻 보기에 시편은 찬송하는 노래만 들어 있지도, 기도만 들어 있지도 않습니다. 그러나 교훈시나 애가哀歌도 근본적으로는 찬송가입니다. 이 노래들도 하나님의 영광을 찬양하는 데 사용되기 때문입니다. 또한 시편 1편, 2편, 78편처럼 단한 번도 하나님을 향해 말하고 있지 않은 시편도 기도라고 부릅니다. 이 노래들은 하나님에 대한 생각과 뜻을 깊이 묵상하도록 도와주기 때문입니다. '시편Psalter'은 원래 '악기'를 뜻하는 말이었는데, 나중에는 하나님께 노래로 봉헌하는 기도 모음집이라는 의미로서 비유적으로 사용되었습니다.

오늘날 전해지고 있는 대로, 시편은 대부분 예배를 위한 음악으로 만들어졌습니다. 노래와 각종 악기가 함께 동원되었습니다. 예배 음악의 시초는 다시 다윗에게로 거슬러 올라갑니다. 그의 수금 연주가 악신을 몰아냈듯이, 거룩한 예배 음악은 역사하는 힘이 있어서 선지자의 선포에도 종종 '신령한 노래'라는 말을 사용합니다(대상 25:2). 시편 제목에 달려 있는 이해하기 힘든 여러 문구는 악장樂長에게 주는 지침입니다. 시편 중간중간에 빈번하게 등장하는 '셀라'라는 말도 그 자리에 간주곡을 삽입하라는 표시로 보입니다. "셀라는 사람들이 침묵하면서 시편 말씀을 진지하게 묵상할 것을 말한다. 성령이 그들에게 보여 주시는 것들을 깨닫도록 평온하고 고요한 영혼의 상태를 요구하기 때문이다"(루터).

시편은 대개 주고받으면서 노래하도록 되어 있습니다. 이를 위해 시편은 두 구절씩 서로 연결되어 있어서로 다른 단어를 사용하면서 본질적으로는 동일한 사상을 표현하고 있습니다. 이것을 병행법이라고 합니다. 이러한 형태는 우연이 아니며 오히려 기도가 끊이지 않도록 우리를 부르고, 함께 기도하도록 초대합니다.

후다닥 해치우듯이 기도하는 데 익숙한 우리에게 이런 형태는 불필요한 반복처럼 보일 수도 있습니다. 하지만 이것은 우리가 실제로 기도에 올바르게 침잠하고 집중하게 해주는 동시에, 다양한 단어로 기도하는 모든 신자가 결국은 똑같은 기도를 하고 있음을 나타내

는 표시입니다. 이렇듯 구절의 형식도 시편으로 함께
기도하도록 이끌어 줍니다.

¹² 많은 황소가 나를 에워싸며
바산의 힘센 소들이 나를
둘러쌌으며

¹³ 내게 그 입을 벌림이 찢으며
부르짖는 사자 같으니이다

¹⁴ 나는 물같이 쏟아졌으며
내 모든 뼈는 어그러졌으며
내 마음은 밀랍 같아서
내 속에서 녹았으며

¹⁵ 내 힘이 말라 질그릇 조각 같고
내 혀가 입천장에 붙었나이다
주께서 또 나를 죽음의 진토
속에 두셨나이다

¹⁶ 개들이 나를 에워쌌으며
악한 무리가 나를 둘러
내 수족을 찔렀나이다

¹⁷ 내가 내 모든 뼈를 셀 수
있나이다 그들이 나를
주목하여 보고

예배와
시편

주일마다 혹은 매일 시편을 돌아가면서 함께 읽거나 노래로 부르는 교회가 많습니다. 이러한 교회들은 엄청난 부요함을 누립니다. 왜냐하면 우리는 단지 시편을 매일 사용하는 것만으로도 하나님의 기도책을 통해 성장해 가기 때문입니다. 시편의 기도들은 가끔씩 읽기만해도 우리가 또다시 더 가벼운 음식물에 매달리지 않도록 우리의 생각과 힘을 매우 강하게 해줍니다. 시편을 규칙적으로 진지하게 기도하기 시작한 사람은, 자기가 사용하던 다른 "기도책을 곧 내던져 버리며 이렇게 말할 것"입니다. "아, 이 기도책은 내가 시편에서 발견한 것과 같은 풍성함과 힘, 그리고 그 강렬함과 열정을 주지는 못하는구나. 너무 냉랭하고 건조하구나"(루터).

더 이상 교회에서 시편으로 기도하지 않는다면, 매일 아침저녁 예배에 좀 더 자주 시편을 사용해야 합니다. 그리고 날마다 여러 시편을 되도록이면 함께 읽고 기도해야 합니다. 그러면 우리는 일 년 동안 이 책을 여러 번 통독하게 되고 시편에 점점 더 깊이 들어갈 수 있을 것입니다. 아울러 시편을 자기 마음대로 취사선택해서는 안 됩니다. 그렇게 하면 성경의 기도책에 무례를

범하는 것이고, 또한 무엇을 기도할지를 우리가 하나님
보다 더 잘 아는 양 행동하는 것이 되기 때문입니다. 고
대 교회에서는 '다윗의 시편 전체'를 암기하는 일이 흔
했는데 이는 동방교회에서 교회 직분자의 전제 조건이
었기 때문입니다. 교부 히에로니무스Hieronymus에 따르
면, 당시에는 들이나 정원에서 시편으로 노래하는 소리
를 들을 수 있었다고 합니다. 시편은 초창기 기독교의
생명력을 충만하게 해주었습니다. 그러나 이 모든 것보
다 더 중요한 것은, 십자가에 달리신 예수께서 시편의
언어로 말씀하시면서 돌아가셨다는 점입니다.

오늘날의 교회가 시편을 잘 사용하지 않게 되면서
비할 바 없는 보물들이 시편과 함께 교회에서 사라졌습
니다. 그러나 시편 기도가 다시 회복되면 상상할 수 없
는 힘이 교회 안으로 들어올 것입니다.

¹⁸ 내 겉옷을 나누며 속옷을
제비 뽑나이다

¹⁹ 여호와여 멀리하지 마옵소서
나의 힘이시여 속히 나를
도우소서

²⁰ 내 생명을 칼에서 건지시며
내 유일한 것을 개의 세력에서
구하소서

²¹ 나를 사자의 입에서 구하소서
주께서 내게 응답하시고
들소의 뿔에서 구원하셨나이다

²² 내가 주의 이름을 형제에게
선포하고 회중 가운데에서
주를 찬송하리이다

시편의
주요 주제

시편 기도에서 중요하게 다루고 있는 주제들을 다음과 같이 분류해 볼 수 있습니다. 즉 창조, 율법, 구속사, 메시아, 교회, 생명, 고난, 죄, 원수들, 종말입니다. 이모든 부분을 주기도문에 맞게 정리하여 어떻게 시편 전체가 예수의 기도 안에 포함되어 있는지 보여 주는 것은 그리 어렵지 않습니다. 그러나 시편에 대한 이러한 이해가 미리 앞서지 않도록 여기서는 시편 자체에서 끌어내 온 주요한 주제들에 대해 언급하는 것만으로 한정하려고 합니다.

²³ 여호와를 두려워하는 너희여
그를 찬송할지어다 야곱의
모든 자손이여 그에게 영광을
돌릴지어다 너희 이스라엘 모든
자손이여 그를 경외할지어다

²⁴ 그는 곤고한 자의 곤고를
멸시하거나 싫어하지
아니하시며 그의 얼굴을
그에게서 숨기지 아니하시고
그가 울부짖을 때에 들으셨도다

²⁵ 큰 회중 가운데에서 나의 찬송은
주께로부터 온 것이니 주를
경외하는 자 앞에서 나의 서원을
갚으리이다

²⁶ 겸손한 자는 먹고 배부를 것이며
여호와를 찾는 자는 그를 찬송할
것이라 너희 마음은 영원히 살지어다

²⁷ 땅의 모든 끝이 여호와를 기억하고
돌아오며 모든 나라의 모든 족속이
주의 앞에 예배하리니

창조

성경은 하나님을 천지의 창조자로 선포하고 많은 시편은 하나님께 영광과 찬양과 감사를 드리라고 합니다. 그렇지만 창조에 대해서만 말하는 시편은 하나도 없습니다. 시편이 말하는 것은 항상 그분의 백성에게 '말씀'으로 이미 계시하신 하나님, 세상의 창조자로 알려질 그분입니다. 하나님이 우리에게 말씀하셨기 때문에, 하나님의 이름이 계시되었기 때문에 우리가 그분을 창조자로 믿을 수 있습니다. 그렇지 않다면 우리는 그분을 알 수가 없습니다. 창조는 예수 그리스도를 통해 보여 주셨던 하나님의 능력과 신실함을 나타내는 형상입니다. 우리는 구원자로서 자신을 계시하신 창조주를 경배합니다.

시편 8편은 하나님의 이름과 그가 인류에게 행하신 자비로운 일을 가장 뛰어난 업적으로 찬양합니다. 이는 창조의 차원만으로는 다 파악할 수 없는 것입니다. 시편 19편은 별들이 운행하는 장엄함에 대해 언급하면서 동시에 그보다 더 장엄한 하나님의 율법 계시를 생각하게 하고 회개를 촉구합니다. 시편 29편은 천둥번개로 나타나시는 하나님의 엄청난 위력으로 우리를 놀라게 하지만, 그 목적은 하나님이 그의 백성에게 주시는 권능과 복, 평화입니다. 시편 104편은 하나님의 작품들이 보여 주는 풍부함을 눈앞에 펼쳐 줍니다. 그러나 동시에 이 노래는 그 풍부한 피조물도 전부 하나님 앞에서는 실상 아무것도 아니며, 영원한 것은 오직 하나님의 영광이라는 것, 그리고 마지막 때에 그분이 죄인들을 멸절하신다는 것을 말해 줍니다.

창조 시편은 서정시가 아니라 하나님의 백성을 위한 안내서로서, 그들이 경험한 구원의 은혜로 말미암아 천지의 창조자를 발견하고 그분께 영광을 돌리게 합니다. 창조는 하나님을 믿는 자들에게 도움을 줍니다. 하나님이 지으신 모든 것을 감사함으로 받는다면 하나님의 모든 피조물은 선합니다(딤전 4:4). 그러나 우리가 감사할 수 있는 것은 오직 피조물이 예수 그리스도 안에 드러난 하나님의 계시와 조화를 이루고 있을 때입니다.

예수 그리스도 덕분에 모든 피조물은 하나님이 부여하신 은사를 지니고 있습니다. 그래서 우리는 우리가 속해 있는 예수 그리스도와 함께, 그분 안에서, 또 그분을 통한 하나님의 영광에 대해 하나님께 감사드립니다.

²⁸ 나라는 여호와의 것이요 여호와는
모든 나라의 주재심이로다

²⁹ 세상의 모든 풍성한 자가 먹고
경배할 것이요 진토 속으로
내려가는 자 곧 자기 영혼을
살리지 못할 자도 다 그 앞에
절하리로다

³⁰ 후손이 그를 섬길 것이요 대대에
주를 전할 것이며

³¹ 와서 그의 공의를 태어날
백성에게 전함이여 주께서 이를
행하셨다 할 것이로다

시편 51편

다윗의 시. 인도자를 따라 부르는 노래.
다윗이 밧세바와 동침한 후 선지자 나단이 그에게 왔을 때

¹ 하나님이여 주의 인자를 따라
내게 은혜를 베푸시며 주의 많은
궁휼을 따라 내 죄악을 지워
주소서

율법

시편 중에서도 특별히 하나님의 율법을 감사, 찬양, 간구의 대상으로 삼고 있는 세 시편인 1편, 19편, 119편은 무엇보다도 율법의 은혜를 우리의 눈앞에 펼쳐 주고자 합니다. '율법'이란 하나님의 구원 사역 전체와 새로이 사는 순종의 삶을 위한 명령으로 이해할 수 있습니다. 하나님의 율법과 계명에 대한 기쁨은, 하나님이 예수 그리스도를 통해 우리의 생명에 커다란 전환을 이루어 주실 때 우리 안에 가득 차게 됩니다. 하나님이 그분의 계명을 나에게 숨기시거나(시 119:18) 하루 종일 그분의 뜻을 깨닫지 못하게 하실 수도 있다는 사실은 새로운 생명에게 가장 큰 두려움이 됩니다.

하나님의 명령을 아는 것은 은혜입니다. 하나님의 명령은 우리가 만든 계획과 갈등으로부터 우리를 자유롭게 해줍니다. 또한 우리의 걸음을 확실하게 하며 우리의 길을 기쁘게 해줍니다. 하나님이 계명을 주시는 것은 그것을 성취하시기 위함이며, 그 계명들은 예수 그리스도 안에서 구원을 발견한 모든 자에게 "무거운 것이 아니"게 됩니다(요일 5:3). 바로 예수 자신이 율법 아래서 아버지께 온전히 순종함으로써 율법을 성취하셨습니다. 하나님의 뜻은 곧 예수 그리스도의 기쁨이며 양식입니다. 그래서 예수 그리스도는 우리 안에서 율법의 은혜를 감사하며 그의 성취로 인한 기쁨을 우리에게 선물하십니다. 이제 우리는 율법에 대한 우리의 사랑을 고백합니다. 율법을 기꺼이 지키겠다고 다짐하고, 우리가 율법 안에서 흠 없이 보존되기를 간구합니다. 이것을 우리의 힘으로 하지 않고, 오직 우리 안에 계시는 예수 그리스도의 이름으로 기도합니다.

시편 119편은 그 길이와 단조로움 때문에 특별히 어렵게 다가옵니다. 이때 낱말 하나하나, 문장 하나하나를 느리지만 고요하고 끈기 있게 읽어나가는 것이 도움이 됩니다. 그렇게 하면 겉으로 보이는 반복이 항상 한 가지, 즉 하나님의 말씀에 대한 사랑이라는 주제의 새로운 변주임을 깨닫게 됩니다. 이러한 사랑이 끝이 없듯이, 사랑을 고백하는 말씀도 끝이 없습니다. 그리고 이 말씀들은 우리를 평생 따라다니려고 하며 그 단순함으로 말미암아 어린아이와 어른과 노인의 기도가 됩니다.

² 나의 죄악을 말갛게 씻으시며
  나의 죄를 깨끗이 제하소서

³ 무릇 나는 내 죄과를 아오니
  내 죄가 항상 내 앞에 있나이다

⁴ 내가 주께만 범죄하여 주의
  목전에 악을 행하였사오니
  주께서 말씀하실 때에
  의로우시다 하고 주께서
  심판하실 때에 순전하시다
  하리이다

⁵ 내가 죄악 중에서
출생하였음이여 어머니가
죄 중에서 나를 잉태하였나이다

⁶ 보소서 주께서는 중심이
진실함을 원하시오니 내게
지혜를 은밀히 가르치시리이다

⁷ 우슬초로 나를 정결하게
하소서 내가 정하리이다 나의
죄를 씻어 주소서 내가 눈보다
희리이다

구속사

시편 78편, 105편, 106편은 이 땅에서 살아가는 하나님 백성의 역사에 대해, 하나님이 백성으로 택해 주신 은혜와 신실함에 대해 말하는 한편, 그분의 백성들의 신실하지 못함과 배은망덕함에 대해서도 이야기합니다. 시편 78편은 누구에게 기도하는 것인지도 전혀 나타나 있지 않습니다. 그런데 우리가 어떻게 이 시편들로 기도할 수 있을까요? 시편 106편은 우리에게 감사, 경배, 맹세, 간구, 죄 고백 그리고 도움의 요청을 과거의 구속사에 비추어 기도로 올려 드릴 것을 촉구합니다. 이 시편은 하나님의 선하심이 자기 백성을 위하여 영원토록 이어지며 오늘 우리가 우리의 조상들처럼 경험할 수 있음에 감사하는 시요, 애굽에서 골고다에 이르기까지 그의 백성을 구원하신 하나님의 기적을 경배하는 시이며, 하나님의 계명을 더욱 신실하게 지키겠다는 맹세의 시인 동시에, 하나님의 언약에 따라 하나님의 은혜를 간구하는 시입니다. 그리고 큰 자비하심에도 불구하고, 우리가 죄로 가득하고 신실하지 못하며 무가치하다는 고백의 시이며, 하나님의 백성의 마지막 소집과 구원을 간구하며 도움을 구하는 시입니다.

이러한 시편(78, 105, 106편—옮긴이)을 가지고 기도할 때, 우리는 하나님이 과거에 그의 백성에게 행하신 모든 것을 마치 지금 우리에게 행하신 것으로 여기면서 우리의 죄와 하나님의 은혜를 고백하고, 언약에 신실하신 하나님을 붙들고 그 성취를 위하여 기도하며, 마침내 하나님의 모든 역사가 하나님의 교회와 함께, 우리를 도우시며 앞으로도 도와주실 예수 그리스도 안에서 성취되기를 기대합니다. 예수 그리스도 덕분에 우리는 하나님께 감사드리며 간구할 수 있고, 죄 고백과 신앙 고백을 드릴 수 있습니다.

8 내게 즐겁고 기쁜 소리를 들려
주시사 주께서 꺾으신 뼈들도
즐거워하게 하소서

9 주의 얼굴을 내 죄에서
돌이키시고 내 모든 죄악을
지워 주소서

10 하나님이여 내 속에 정한
마음을 창조하시고 내 안에
정직한 영을 새롭게 하소서

¹¹ 나를 주 앞에서 쫓아내지 마시며
주의 성령을 내게서 거두지
마소서

¹² 주의 구원의 즐거움을 내게
회복시켜 주시고 자원하는
심령을 주사 나를 붙드소서

¹³ 그리하면 내가 범죄자에게
주의 도를 가르치리니
죄인들이 주께 돌아오리이다

메시아

하나님의 구속사는 이 땅에 메시아를 보내시는 것으로 완성됩니다. 예수의 해석에 따르면 시편은 메시아에 대해 예언하고 있습니다(눅 24:44). 시편 22편과 69편은 그리스도의 고난에 관한 시편으로 알려져 있습니다.

예수는 십자가 위에서 22편 첫 부분을 직접 기도하심으로써 이 시편을 분명하게 자기의 기도로 삼으셨습니다. 히브리서 2장 12절은 시편 22편 22절을 그리스도가 한 말로 명시하고 있습니다. 22편의 8절과 18절은 예수의 십자가 수난에 대한 직접적인 예언입니다. 다윗이 한때 이 시편을 자신의 노래로 직접 부른 것은, 그가 하나님께 기름부음 받아 핍박받은 왕이자 훗날 자손 중에 그리스도를 태어나게 할 자로서 노래한 것입니다. 그는 자기 안에 그리스도를 품은 자로서 기도했습니다. 그리스도께서 이 기도를 받아들이셨을 때, 이 기도는 비로소 완전한 의미를 얻었습니다. 따라서 우리는 오직 예수 그리스도와 연합된 상태에서만 이 시편으로 기도할 수 있습니다. 그리스도의 고난에 참여하는 자로서 말입니다. 우연히 일어나는 개인적인 고난이 아니라 우리에게도 임한 그 그리스도의 고난으로 말미암아 우리

는 이 시편으로 기도합니다. 우리는 항상 예수 그리스
도께서 우리와 함께 기도하시는 것을 듣고, 그분을 통
해 저 구약의 왕이 기도하는 것을 듣습니다. 우리는 그
분의 모든 깊이를 측정할 수도 없고 경험할 수도 없지
만, 시편의 기도를 따라하면서 그리스도와 더불어 기도
하며 하나님의 보좌 앞으로 나아갑니다.

시편 69편 5절은 그리스도가 하나님께 자신의 우
매함과 죄악에 대해 호소하고 있다는 점에서 이해하기
가 쉽지 않습니다. 여기에서 다윗은 분명히 자신의 개
인적인 죄를 말하고 있습니다. 그러나 그리스도는 이
시편을 통해 모든 인간, 다윗과 나를 포함한 온 인류의
죄를 이야기하며, 이 죄를 짊어진 채 그리스도는 하나
님의 진노를 받아 고난당하십니다. 참 인간이신 예수
그리스도는 이 시편으로 기도하며 우리를 자신의 기도
속으로 데려갑니다.

시편 2편과 110편은 원수에 대한 그리스도의 승리
와 그리스도 나라의 건설 그리고 하나님의 백성을 통한
경배를 증언하고 있습니다. 여기에는 또다시 다윗과 그
의 왕국에 대한 예언이 연결되어 있습니다. 그러나 우

리는 다윗에게서 이미 미래의 그리스도를 인식할 수 있
습니다. 루터는 시편 110편을 "사랑하는 우리 주 예수
그리스도의 가장 위대한 시편"이라고 말합니다.

　시편 20편, 21편 그리고 72편이 다윗과 솔로몬의
지상 왕국을 표현하고 있다는 것은 의심의 여지가 없습
니다. 시편 20편은 원수에 대해 메시아적 왕이 승리하
기를, 그리고 그의 번제를 하나님이 받으시기를 구합니
다. 시편 21편은 왕의 승리와 왕위 즉위를 감사하고 있
습니다. 시편 72편은 하나님의 공의와 가난한 자들을
위한 도움, 하나님 나라의 평화와 항구적인 통치, 그리
고 영원한 영광을 간구합니다. 우리는 이 시편들을 통
해 세상에서 예수 그리스도가 승리하기를 기도하고, 이
미 성취된 승리에 감사하며, 왕이신 예수 그리스도의
통치 아래 평화와 정의가 세워지기를 간구합니다. 시편
61편 6절 이하와 63편 11절도 여기에 해당됩니다.

　논쟁의 여지가 많은 45편은 메시아적인 왕에 대한
사랑, 그의 아름다움과 부요함, 그의 권능에 대해 말하
고 있습니다. 이 왕과의 결혼식에서 신부는 자기 백성
과 자기 아버지 집안을 잊어야 하며(10절), 신하로서 충

성을 맹세해야 합니다. 오직 왕을 위해서만 단장하고, 기쁨으로 그에게 나아가야 합니다. 이것은 우리의 왕이 되신 예수 그리스도와 그분께 속한 교회의 사랑 노래이 며 기도입니다.

¹⁴ 하나님이여 나의 구원의
하나님이여 피 흘린 죄에서
나를 건지소서 내 혀가 주의
의를 높이 노래하리이다

¹⁵ 주여 내 입술을 열어 주소서
내 입이 주를 찬송하여
전파하리이다

¹⁶ 주께서는 제사를 기뻐하지
아니하시나니 그렇지 아니하면
내가 드렸을 것이라 주는 번제를
기뻐하지 아니하시나이다

¹⁷ 하나님께서 구하시는 제사는
상한 심령이라 하나님이여
상하고 통회하는 마음을 주께서
멸시하지 아니하시리이다

¹⁸ 주의 은택으로 시온에 선을
행하시고 예루살렘 성을 쌓으소서

교회

시편 27편, 42편, 46편, 48편, 63편, 81편, 84편, 87편 등은 하나님의 도시 예루살렘과 하나님 백성들의 큰 축제, 그리고 성전과 아름다운 예배를 노래하고 있습니다. 이것은 그의 공동체에 임하신 구원의 하나님을 보여 주며, 이는 우리가 감사하고 기뻐하며 고대하는 바입니다. 이스라엘 사람들에게 시온산과 성전은, 우리에게 온 세상 가운데 있는 하나님의 교회 즉 하나님이 항상 자신의 말씀과 성례로 그 안에 거하시는 교회와 같습니다. 이러한 교회는 모든 원수의 대항에도 건재할 것이며(시 46편), 이방세계의 지배하에 있던 포로생활은 끝나게 될 것입니다(시 126, 137편). 그리스도 안에서 교회에 임재하시는 은혜의 하나님은 시편들의 모든 감사와 모든 기쁨과 모든 소망의 성취이십니다. 하나님이 그 안에 계신 예수도 우리와 같은 인간으로서 하나님과의 교제를 갈망하였듯이(눅 2:49), 그분은 하나님이 그의 백성들 가운데 완전한 친밀함과 임재로 거하여 주시기를 우리와 함께 기도하십니다.

하나님은 교회의 예배 중에 임재하시겠다고 약속하셨습니다. 그래서 교회는 하나님의 질서에 따라 예배

합니다. 그러나 완전한 예배는 바로 예수 그리스도께서
드리셨고, 그분은 자신을 흠 없는 희생제물로 기꺼이
드려 이전에 제정된 모든 제사를 완성하셨습니다. 그
리스도는 우리를 위해 하나님께 제사를 드렸고, 하나님
을 위해 우리의 제사를 자기 안에서 드린 것입니다. 우
리에게 남은 것은 다만 기도와 노래와 하나님의 계명을
좇아 사는 삶으로써 찬양과 감사의 제사를 드리는 것뿐
입니다(시 15, 50편). 따라서 우리의 모든 삶은 예배하는
삶이며 감사제사를 드리는 삶이 됩니다. 하나님은 이러
한 감사제사를 인정하시고 감사하는 자에게 그의 구원
을 나타내십니다(시 50:23). 그리스도로 인하여 하나님께
감사하고, 교회에서 마음과 입술과 손으로 그분을 찬양
하는 것, 이것이 바로 시편이 우리에게 가르치고자 하
는 것입니다.

¹⁹ 그때에 주께서 의로운
제사와 번제와 온전한 번제를
기뻐하시리니 그때에 그들이
수소를 주의 제단에 드리리이다

시편 73편 <small>아삽의 시</small>

¹ 하나님이 참으로 이스라엘 중
마음이 정결한 자에게 선을
행하시나

² 나는 거의 넘어질 뻔하였고
나의 걸음이 미끄러질
뻔하였으니

³ 이는 내가 악인의 형통함을
보고 오만한 자를
질투하였음이로다

⁴ 그들은 죽을 때에도 고통이
없고 그 힘이 강건하며

생명

진지한 그리스도인들은 시편의 기도가 빈번히 생명과 행복을 간구한다는 점에 놀라곤 합니다. 많은 이들이 그리스도의 십자가를 보면서 우리의 생명이나 하나님의 축복은 불확실하며 그렇게 욕심낼 만한 것이 아니라고 잘못 인식하곤 합니다. 더군다나 시편의 기도를 불완전한 구약적 경건성, 신약에 와서야 극복된 낮은 단계라고 생각합니다. 그러나 그렇게 생각함으로써 그들은 하나님보다도 더 영적이고자 하는 셈입니다.

일용할 양식을 구하는 기도가 육신의 생명에 필요한 모든 것에 대한 기도를 의미하듯이, 생명, 건강, 하나님의 인자하심에 대한 가시적인 증거를 요구하는 것은 생명의 창조자요 보호자이신 하나님께 드리는 기도에 필수적으로 포함됩니다. 육신의 생명을 가벼이 여길 수는 없습니다. 오히려 하나님은 예수 그리스도 안에서 우리가 그와 교제하여 지금의 삶, 나아가 장차 올 삶을 그분 앞에서 살도록 하십니다. 이 때문에 하나님은 우리에게 지상에 속한 기도를 주셔서 그분을 더 잘 알고, 찬양하며, 사랑하도록 하십니다. 하나님은 이 땅 위에서 경건한 자들이 잘되기를 원하십니다(시 37편). 이러한

하나님의 뜻은 그리스도의 십자가를 통하여 무효화되
는 것이 아니라, 오히려 더 확고해집니다. 사람들이 예
수를 따르며 많은 결핍을 감내하는 바로 그곳에서, 예
수께서 "부족한 것이 있더냐?"라고 물을 때 그의 제자
들처럼 "없었나이다!"(눅 22:35)라고 대답할 수 있게 됩니
다. 그리고 시편의 깨달음은 이에 대한 이유를 알게 해
줍니다. "의인의 적은 소유가 악인의 풍부함보다 낫도
다"(시 37:16).

시편으로 생명, 건강, 평화, 세속의 재산을 간구할
때 죄책감을 가질 필요는 없습니다. 시편에서처럼 이
모든 것을 우리와 함께하시는 하나님의 은혜로운 임재
의 증거로 깨닫고, 하나님의 인자하심이 목숨보다 더
낫다는 사실을 확실하게 붙들 수 있다면 말입니다(시
63:3-4, 73:25-26).

시편 103편은 생명을 지켜 주시는 것부터 죄의 용
서까지 충만한 하나님의 은혜가 지닌 커다란 통일성을
알게 하며, 감사와 찬양으로 하나님 앞에 나아가게 합
니다(시편 65편과 비교). 예수 그리스도로 인해 창조주는
우리에게 생명을 주시고 우리를 보호하십니다. 그래서

하나님께서는 우리가 죽을 때 세상에서 소유한 모든 재물을 버리게 함으로써 영원한 생명을 얻도록 준비시키십니다. 오직 예수 그리스도를 위하여, 또 그의 지시에 따라 우리는 생명을 위해 물질을 간구하며 확신을 갖고 기도해야 합니다. 그러나 우리가 필요한 것을 받게 되었을 때는, 하나님이 예수 그리스도 때문에 우리에게 그러한 은혜를 주셨음을 깨닫고 하나님께 진심으로 감사드려야 합니다.

5 사람들이 당하는 고난이
그들에게는 없고 사람들이
당하는 재앙도 그들에게는
없나니

6 그러므로 교만이 그들의
목걸이요 강포가 그들의 옷이며

7 살찜으로 그들의 눈이 솟아나며
그들의 소득은 마음의 소원보다
많으며

⁸ 그들은 능욕하며 악하게 말하며
높은 데서 거만하게 말하며

⁹ 그들의 입은 하늘에 두고 그들의
혀는 땅에 두루 다니도다

¹⁰ 그러므로 그의 백성이 이리로
돌아와서 잔에 가득한 물을
다 마시며

고난

"탄식 시편보다 더 애처롭고 비참한 한탄을 본 적이 있는가? 당신은 그러한 시편들을 통해 모든 성도가 겪고 있는 죽음과 같은, 거의 지옥과 같은 마음속을 들여다보게 될 것이며, 거기에 얼마나 참담하고 암흑 같은 모든 종류의 진노가 있는지 발견하게 될 것이다"(루터).

시편은 세상에서 겪는 온갖 고난 속에서도 하나님 앞으로 나아오는 올바른 법을 숱하게 가르칩니다. 시편은 심한 중병, 하나님과 인간에 대한 깊은 상실감, 위협, 핍박, 감금 그리고 이 땅에서 일어날 수 있는 갖가지 위급한 상황 등 이 모든 고통에 대해 알고 있습니다(시 13, 31, 35, 41, 44, 54, 55, 56, 61, 74, 79, 86, 88, 102, 105편 등). 이 시편들은 이런 문제에 대해 부인하지도 않으며 경건한 말로 속이지도 않습니다. 이 시편들은 이 모든 고난을 신앙에 닥친 시련으로 적나라하게 담고 있으며, 때로는 더 이상 고난을 뛰어넘지 못하기도 합니다(시 88편). 그렇지만 이 모든 것을 하나님께 호소합니다. 이 탄식의 시편들은 개인의 경험으로 따라할 수 있는 것이 아닙니다. 이 시편들에 펼쳐진 탄식과 고통은 모든 시대에 걸쳐 있는 전 교회 공동체의 고난, 예수 그리스도만이 홀로 온전히 겪으신 그 고난이기 때문입니다. 고난은 하나님의 뜻에 의해 생겨나고 실로 하나님이 그 고난을 우리보다 더 잘 아시니, 우리를 도우실 분도 오직 하나님뿐입니다. 이에 따라 고난에 대한 모든 질문도 다시금 하나님께로 향하게 됩니다.

시편의 화자 중 그 누구도 고난 가운데 재빨리 항복하고 하나님께 자신을 맡긴 경우가 없습니다. 항상 저항하고 두려워하며 의심하는 과정을 거칩니다. 경건한 자들이 불행을 당하게 내버려 두고, 악한 자들이 잘되게 놔두는 하나님의 정의라니, 하나님의 선하시고 은혜로우신 뜻에 대한 확신이 뒤흔들립니다(시 44:24). 하나님의 행동을 도저히 이해할 수 없습니다. 그러나 가장 깊은 절망 속에서도 호소할 수 있는 분은 오직 하나님뿐입니다. 고난당하는 자는 더 이상 다른 사람들의 도움을 기대하기 어렵고, 자기 연민에 빠져 모든 고난의 근원이자 목표이신 하나님을 잊어버리지도 않습니다. 고난당하는 자는 하나님을 위해 하나님과 싸웁니다. 그분의 언약을 상기시키고, 이전에 베푸신 복과 사람들 속에 드러났던 그 이름의 영광을 셀 수 없이 상기시키며 진노하시는 하나님께 항의합니다.

내가 죄인이라면 하나님은 왜 나를 용서해 주지 않으십니까? 내게 죄가 없다면 왜 고통을 끝내고 내 무죄를 대적자들에게 증명해 주지 않으십니까?(시 38, 44, 79편) 이러한 모든 질문에 대한 이론적인 대답은 없습니다. 신약에서도 마찬가지로 이에 대한 대답은 거의 찾아볼 수 없습니다. 오직 예수 그리스도만이 유일하고 실제적인 대답이실 뿐입니다.

이 대답은 시편 속에도 이미 나타나 있습니다. 모든 시편은 공통적으로 모든 고난과 시험을 하나님께 내던집니다. 우리는 이 모든 고난과 시험을 더 이상 견뎌낼 수 없사오니 이것을 우리에게서 거두어 가시고 당신이 대신 짊어져 주소서. 오직 당신만이 이 고난을 해결할 수 있습니다. 이것이 모든 탄식 시편의 궁극적인 목표입니다. 이 시편들은 질병을 비롯한 우리의 모든 연약함을 짊어지시는 예수 그리스도께 기도합니다. 이 시들은 고난 속에서 유일한 도움은 그리스도라고 찬양합니다. 하나님이 그리스도 안에서 우리와 함께하시기 때문입니다.

탄식 시편은 정의이며 사랑이신 하나님과의 온전한 연합을 다루고 있습니다. 이는 예수 그리스도가 우리 기도의 목표일 뿐 아니라 직접 우리의 기도 가운데 함께하신다는 것입니다. 모든 고난을 홀로 짊어지신 예수 그리스도는 우리를 위해 그것들을 하나님 앞으로 가져가서 하나님의 이름으로 간구합니다. "나의 뜻대로 마옵시고 당신의 뜻대로 하옵소서."

예수는 우리를 위해 십자가 위에서 고통스럽게 울부짖었습니다. "나의 하나님, 나의 하나님, 어찌하여 나를 버리셨나이까?"

이제 우리는 이 땅 위의 그 어떠한 고난도 그리스도가 우리와 함께하지 않는 고난은 존재하지 않음을 알게 됩니다. 그분은 우리와 함께 고난당하며, 기도하시고, 도와주시는 유일한 분이십니다.

이 때문에 많은 위대한 믿음의 시편이 생겨나는 것입니다. 그리스도 없는 하나님에 대한 신앙은 헛된 것이며 확실하지도 않습니다. 그것은 다만 자기 신뢰의 또 다른 형태에 불과합니다. 그러나 하나님이 예수 그리스도를 통해 우리의 고난 중에 들어오심을 아는 사람은 큰 믿음을 가지고 이렇게 말할 수 있습니다. "주께서 나와 함께하심이라 주의 지팡이와 막대기가 나를 안위하시나이다"(시 23, 37, 63, 73, 91, 121편).

¹¹ 말하기를 하나님이 어찌 알랴
지존자에게 지식이 있으랴
하는도다

¹² 볼지어다 이들은 악인들이라도
항상 평안하고 재물은 더욱
불어나도다

¹³ 내가 내 마음을 깨끗하게 하며
내 손을 씻어 무죄하다 한 것이
실로 헛되도다

¹⁴ 나는 종일 재난을 당하며
아침마다 징벌을 받았도다

¹⁵ 내가 만일 스스로 이르기를
내가 그들처럼 말하리라
하였더라면 나는 주의 아들들의
세대에 대하여 악행을
행하였으리이다

¹⁶ 내가 어쩌면 이를 알까 하여
생각한즉 그것이 내게 심한
고통이 되었더니

죄

　　시편에서 죄 용서에 대한 기도는 생각보다 훨씬 적게 나옵니다. 시편 중에서 대부분은 죄 용서에 대한 확신을 전제로 하고 있습니다. 이는 참으로 놀랍지만, 실상은 신약과 다르지 않습니다. 기도를 죄 용서에만 국한하면 기독교의 기도는 축소되며 위태로워집니다. 우리가 예수 그리스도 덕분에 의연하게 자신으로부터 죄를 떨쳐낼 수 있습니다.

　　그렇다고 해서 시편에 회개 기도가 빠져 있는 것은 결코 아닙니다. 시편에는 소위 회개 시편으로 불리는 일곱 개의 시가 있습니다(시 6, 32, 38, 51, 102, 130, 143편). 그러나 시편 14편, 15편, 25편, 31편, 39편, 40편, 41편 등도 우리를 하나님 앞에서 아주 깊은 죄 인식으로 이끌며 죄를 고백할 수 있도록 도와줍니다. 루터가 "바울적인 시편들"이라고 표현했을 정도로 이 시편들은 하나님이 용서해 주시는 은혜를 온전히 믿도록 우리를 인도합니다. 이러한 기도에는 대부분 특별한 계기가 있습니다. 그것은 중한 죄(시 32, 51편) 때문이기도, 혹은 회개로 이끄는 예상치 못한 고난(시 38, 102편) 때문이기도 합니다. 그때마다 모든 소망은 값없는 용서, 하나님께서 예

수 그리스도에 대한 말씀으로 모든 시대마다 주시고 약
속하신 값없는 용서에 달려 있습니다.

　　그리스도인은 이러한 시편으로 기도하는 것을 그
다지 어려워하지 않습니다. 그러나 그리스도 역시 우리
와 함께 이 시편으로 기도한다는 것은 어떻게 이해해야
할지 의문이 생길 수 있습니다. 죄 없는 자가 어떻게 죄
의 용서를 간구할 수 있겠습니까? 이것은 죄 없는 자가
우리를 대신하여 세상의 모든 죄를 짊어지고 죄인이 되
셨다고밖에 할 수 없습니다(고후 5:21). 예수는 자신을 위
해서가 아니라 우리의 죄, 자신이 직접 짊어지고 그로
인해 고난당하신 우리 죄의 용서를 위해 기도하십니다.
그는 온전히 우리의 자리에 오셔서 하나님 앞에 우리와
같은 인간이 되십니다. 그래서 그는 우리와 함께 모든
기도 중 가장 인간적인 기도를 하는 동시에 자신이 하
나님의 참된 아들임을 증명합니다.

　　개신교도들에게 특히 눈에 띄고 거슬리는 것은,
시편이 종종 경건한 자들의 죄뿐만 아니라 그들의 결
백함에 관해서도 이야기한다는 사실입니다(시 5, 7, 9,
16, 17, 26, 35, 41, 44, 59, 66, 68, 69, 73, 86편 등 참조). 여기서는

마치 그리스도인이 더 이상 인정할 수 없는, 소위 구약에서 행위로 의롭다 함을 받는 공로사상의 흔적이 보이는 듯합니다. 그러나 그렇게 보는 것은 매우 피상적인 이해이며 하나님의 말씀의 깊이를 전혀 알지 못하는 것입니다. 자신의 무죄함에 대해 자신이 의롭다는 방식으로 말할 수도 있지만, 겸손하게 드리는 죄 고백 또한 자기 의義에 빠져 기도하는 것일 수 있다는 것을 우리는 잘 압니다. 자신의 죄에 대해서도 자신의 무죄를 말하는 것만큼이나 하나님의 말씀과 동떨어지게 이야기할 수 있다는 것입니다.

그러나 이것은 기도의 동기에 대한 문제라기보다, 오히려 기도 내용 자체가 옳은지 그른지에 대한 문제입니다. 여기서 분명한 것은 신실한 그리스도인은 철저히 자신의 죄뿐만 아니라, 자신의 무죄와 의에 대한 중요성도 말해야 한다는 점입니다. 그리스도인이 믿는 바, 하나님의 은혜와 예수 그리스도의 공로로 말미암아 그리스도인은 하나님 보시기에 완전히 의롭고 무죄합니다. "그러므로 이제 그리스도 예수 안에 있는 자에게는 결코 정죄함이 없나니"(롬 8:1). 그리고 그리스도인의 기도는, 그리스도인들에게 주어지는 이 무죄와 의로움을 확실히 붙들며 하나님의 말씀에 호소하고 하나님께 감사하는 것입니다. 그래서 우리에 대한 하나님의 행위를 진지하게 받아들인다면, 우리는 겸손하게, 확신을 가지고 이렇게 기도해야 합니다. "나는 그의 앞에 완전하여 나의 죄악에서 스스로 자신을 지켰나니"(시 18:23), "주께서 내 마음을 시험하시고 … 흠을 찾지 못하셨"습니다 (시 17:3). 이러한 기도로 우리는 신약의 한가운데, 예수 그리스도의 십자가 공동체 안에 섭니다.

무죄에 대한 주장은 악한 원수들로 인한 고난을 다루는 시편에서 특히 강조됩니다. 여기서 우선시되는 것은 하나님의 일의 정당성이며, 이는 반드시 그 일에 마음 쓰는 자의 정당성 또한 입증해 줍니다. 우리가 하나님의 일을 위해 핍박받는 것은 진실로 우리를 하나님의 대적들과 대조되는 의로운 자리에 서게 합니다. 한편 객관적인 결백과 더불어, 그것이 결코 객관적이기만 할 수 없도록 하나님의 은혜가 늘 개인적으로 임한다는 점에서, 시편에는 개인적으로 죄를 고백하는 시도 나란히 등장합니다(시 41:4, 69:5). 하지만 이는 다시

한 번 자신이 정말로 하나님의 일에 마음을 쓰고 있다는 표현일 뿐입니다. 그렇기에 단숨에 이어서 또 이렇게 기도할 수 있는 것입니다. "하나님이여 나를 판단하시되 경건하지 아니한 나라에 대하여 내 송사를 변호하시며 …"(시 43:1).

우리 안에 어떤 잘못이 남아 있는 한 결코 죄 없이 고난당할 수 없다는 생각은, 완전히 비성경적이며 잘못된 생각입니다. 구약도 신약도 그렇게 말하지 않습니다. 하나님의 일을 위해 핍박받는다면 우리는 죄 없이 고난받는 것이며 하나님과 함께 고난받는 것입니다. 그리고 우리가 진실로 하나님과 함께 무죄하며 따라서 의롭다고 인정받는 것은, 우리가 우리 죄의 용서를 간구한다는 바로 이 점 때문입니다.

그러나 우리는 하나님의 원수들 앞에서만이 아니라 하나님 앞에서도 무죄합니다. 왜냐하면 하나님이 우리를 하나님의 일 가운데로 이끄셔서, 우리가 거기에 함께하는 자임을 보시고 우리의 죄를 용서해 주시기 때문입니다. 그래서 무죄에 관한 모든 시편은 다음의 찬송가 가사로 귀결됩니다. "그리스도의 피와 의가 나의

장식이요 영광의 옷일세. 그 옷 입고 하나님 앞에 서리,

저 천국 갈 때"(독일찬송가 154장 1절).

¹⁷ 하나님의 성소에 들어갈
때에야 그들의 종말을 내가
깨달았나이다

¹⁸ 주께서 참으로 그들을 미끄러운
곳에 두시며 파멸에 던지시니

¹⁹ 그들이 어찌하여 그리 갑자기
황폐되었는가 놀랄 정도로
그들은 전멸하였나이다

²⁰ 주여 사람이 깬 후에는 꿈을
무시함같이 주께서 깨신 후에는
그들의 형상을 멸시하시리이다

²¹ 내 마음이 산란하며 내 양심이
찔렸나이다

²² 내가 이같이 우매 무지함으로
주 앞에 짐승이오나

²³ 내가 항상 주와 함께하니 주께서
내 오른손을 붙드셨나이다

원수들

복수의 시편은 다른 모든 시편 중에서도 우리를 가장 곤란하게 만드는 것 같습니다. 그런데 이 복수의 사상은 놀랍도록 빈번하게 시편 전체를 관통하고 있습니다(시 5, 7, 9, 10, 13, 16, 21, 23, 28, 31, 35, 36, 40, 41, 44, 52, 54, 55, 58, 59, 68, 69, 70, 71, 137편 등). 이 시편으로 기도하려는 시도는 항상 실패하고 맙니다. 이 시편들은 정말이지 신약성경보다 신앙적으로 한 단계 낮은 듯합니다. 그리스도께서는 십자가 위에서 그의 원수들을 위해 기도하셨고 우리에게도 그렇게 기도하도록 가르치셨습니다. 그러나 어떻게 원수에 대한 하나님의 복수를 바라는 시편으로 기도할 수 있단 말입니까? 게다가 이런 복수의 시편을 어떻게 우리를 위한 하나님의 말씀으로 이해하고 예수 그리스도의 기도로 이해할 수 있을지도 의문입니다. 그리스도인으로서 우리가 과연 이러한 시편으로 기도할 수 있는 걸까요?

그러나 주의해서 살펴보십시오! 이해할 수 없는 그 동기가 아니라, 기도의 내용에 대해서 한번 질문해 봅시다.

여기서 말하는 원수들이란 하나님 때문에 우리를

공격하는, 하나님의 일에 대한 원수들을 의미합니다.
복수에 대한 시편은 그 어디에서도 사적인 다툼을 다루
고 있지 않습니다. 시편 기자는 그 어디에서도 자신의
손으로 직접 복수하려고 하지 않습니다. 오직 하나님이
전적으로 복수해 주시기를 간구합니다(롬 12:19). 그래서
자신은 모든 사적인 복수의 생각을 떨쳐 버립니다. 그
는 자기가 직접 복수하고자 하는 욕망에서 벗어나야 합
니다. 그렇지 않다면 하나님께 그토록 진지하게 복수가
맡겨지지 않았을 것입니다. 실로 무죄한 사람만이 원수
를 향한 복수를 하나님께 맡길 수 있습니다. 하나님의
복수를 바라는 기도는 죄의 심판 때 그분의 정의가 집
행되길 바라는 기도입니다. 하나님이 자신의 말에 책임
을 지신다면 이러한 심판은 행해져야 하며, 이에 해당
되는 자는 심판을 받아야 합니다. 나 자신도 죄 때문에
이 심판 아래 있습니다. 나는 이 심판을 저지할 아무런
권한이 없습니다. 심판은 하나님의 뜻에 따라 아주 놀
라운 방식으로 성취되었습니다.

　하나님의 복수는 죄인에게 행해진 것이 아니라 유
일하게 죄가 없으시고 죄인을 대신하러 오신 하나님의

아들에게 행해졌습니다. 예수 그리스도는 시편에서 간구하는 하나님의 복수를 친히 당하신 것입니다. 그는 죄에 대한 하나님의 진노를 멈추게 하셨고 하나님이 심판하실 때 이렇게 기도하셨습니다. "아버지, 저들을 사하여 주옵소서 자기들이 하는 것을 알지 못함이니이다!"

하나님의 진노를 대신해서 짊어지신 예수 외에는 누구도 그렇게 기도할 수 없습니다. 그것은 하나님의 사랑에 대한 모든 잘못된 생각, 하나님은 죄를 그다지 심각하게 받아들이지 않는다는 생각에 끝을 고하는 것입니다. 하나님은 그분의 원수에게 증오를 드러내며 심판을 행하려 하실 때, 그것을 유일한 의인 곧 그 원수들을 위해 기도하는 이에게 행하신 것입니다. 하나님의 사랑은 오직 예수 그리스도의 십자가에서만 발견할 수 있습니다.

그래서 복수의 시편은 우리를 예수의 십자가로, 곧 원수를 용서해 주시는 하나님의 사랑으로 인도해 줍니다. 나 자신은 하나님의 원수를 용서할 수 없습니다. 그것은 오직 십자가에 못박히신 그리스도만이 할 수 있으며, 나는 그분을 통해서만 그렇게 할 수 있습니다. 그러므로 복수의 집행은 예수 그리스도 안에 있는 모든 사람에게 은혜가 됩니다.

물론 내가 시편을 가지고 언약의 시대에 기도하느냐, 약속 성취의 시대에 기도하느냐에 따라 중요한 차이가 있지만, 이러한 차이는 다른 시편에도 모두 해당되는 것입니다. 나는 하나님의 놀라운 성취에 대한 확신을 가지고 복수 시편으로 기도하며, 복수를 하나님께 맡기고, 하나님이 그의 원수에게 공의를 행하시기를 간구합니다. 나는 하나님이 끝내 신실하셨으며 십자가 위 진노의 심판으로 공의를 지키셨다는 사실, 그리하여 이 진노가 이제는 기쁨과 은혜가 되었다는 사실을 압니다. 예수 그리스도는 친히 자신의 육체에 하나님의 복수를 행해 달라고 기도하시는 것입니다. 그리고 그는 나를 비롯한 하나님의 모든 원수를 날마다 예수 그리스도 십자가의 진지함과 은혜 가운데로 이끄십니다.

오늘날까지도 나는 오로지 그리스도의 십자가를 통해서, 하나님의 복수를 통해서만, 하나님의 사랑을 믿고 원수를 용서할 수 있습니다. 예수의 십자가는 모든 사람을 위한 것입니다. 그에게 대항하는 자, 하나님의 진노가 부어져야 할 예수의 십자가에 대한 말씀을 파괴하는 자는, 이 세상이나 저세상에서 하나님의 저주를 자신이 직접 짊어져야 합니다. 신약성경은 그리스도를 미워하는 자에게 이 저주가 해당된다고 분명히 말합니다. 이는 구약성경에서도 말하는 바이지만, 신약은 이에 더하여 하나님이 마지막 심판을 행하시는 날에 있을 교회의 기쁨도 말합니다(갈 1:8 이하; 고전 16:22; 계 18, 19장, 20:12). 이와 같이 십자가에 못 박히신 예수는 우리가 복수의 시편을 바르게 기도할 수 있도록 인도해 주십니다.

[24] 주의 교훈으로 나를 인도하시고
후에는 영광으로 나를
영접하시리니

[25] 하늘에서는 주 외에 누가 내게
있으리요 땅에서는 주밖에 내가
사모할 이 없나이다

[26] 내 육체와 마음은 쇠약하나
하나님은 내 마음의 반석이시요
영원한 분깃이시라

27 무릇 주를 멀리하는 자는
   망하리니 음녀같이 주를 떠난
   자를 주께서 다 멸하셨나이다

28 하나님께 가까이함이
   내게 복이라 내가 주 여호와를
   나의 피난처로 삼아 주의
   모든 행적을 전파하리이다

종말

그리스도인의 소망은 예수의 재림과 죽은 자들의 부활에 초점이 맞춰져 있습니다. 시편은 이러한 소망을 말로써 직접 표현하고 있지는 않습니다. 예수의 부활 이후 세분화되어 만물의 종말까지 길게 늘어진 일련의 구속사적 사건들은, 구약의 시각에서는 아직 나뉘지 않은 하나의 전체입니다. 시편에서 기도의 주제는 계시의 하나님과 연합한 삶, 이 세상에서 이뤄질 하나님의 최종적인 승리, 그리고 메시아적인 왕권을 세우는 것입니다.

이 점에서 시편은 신약과 다르지 않습니다. 시편들이 이 세상에서 하나님과의 연합을 간구하기는 하지만, 그들은 그 연합이 이 세상에 사는 동안만이 아니라 그 너머에 이르며, 이 땅에서의 삶과 대조를 이루기도 한다는 것을 알고 있습니다(시 17:14-15). 따라서 하나님과 연합한 생명은 항상 죽음을 넘어 저편에 있습니다. 물론 죽음은 육체와 영혼에 되돌릴 수 없는 쓰라린 종말입니다. 죽음은 죄의 대가이며, 우리는 이것을 기억해야 합니다(시 39, 90편). 그러나 죽음 저편에는 영원한 하나님이 계십니다(시 90, 102편). 그러므로 죽음이 아닌 생명이 하나님의 능력으로 승리할 것입니다(시 16:9 이하,

56:13, 49:15, 73:24-25, 118:17 이하). 우리는 이 생명을 예수 그리스도의 부활 가운데서 발견하며 우리는 이 세상과 저세상에서의 생명을 위해 간구합니다.

하나님과 그의 메시아의 최후 승리에 대한 시편(시 2, 96, 97, 98, 110, 148-150편)은 우리를 만물의 종말에 대한 찬양, 감사와 간구로 이끕니다. 그때에 온 세상이 하나님께 영광을 돌리고, 구원받은 교회가 하나님과 영원히 다스리며, 악의 세력이 무너지고 하나님이 홀로 권세를 가지실 것입니다.

시편 103편 다윗의 시

1 내 영혼아 여호와를 송축하라
내 속에 있는 것들아 다 그의
거룩한 이름을 송축하라

2 내 영혼아 여호와를 송축하며
그의 모든 은택을 잊지
말지어다

3 그가 네 모든 죄악을 사하시며
네 모든 병을 고치시며

⁴ 네 생명을 파멸에서
속량하시고 인자와 긍휼로
관을 씌우시며

⁵ 좋은 것으로 네 소원을
만족하게 하사 네 청춘을
독수리같이 새롭게 하시는도다

⁶ 여호와께서 공의로운 일을
행하시며 억압당하는 모든
자를 위하여 심판하시는도다

생명의 영을
바라는 기도

시편을 가지고 더 잘 기도하는 법을 배우기 위해, 몇몇의 시편을 통해 간단하게 살펴보았습니다. 앞에서 언급한 모든 시편을 주기도문에 따라 배열하는 것은 어렵지 않습니다. 앞서 다루었던 주제들의 순서를 조금 바꾸기만 하면 됩니다. 다만 중요한 것은 우리가 새롭게, 신실함과 사랑으로, 시편의 기도를 우리 주 예수 그리스도의 이름으로 드리기 시작한다는 것입니다.

"사랑하는 우리 주님은 시편과 주기도문을 주셔서 기도하도록 가르치시고, 또한 기도와 은혜의 영을 부어 주시어 우리가 열정과 진실한 믿음으로, 바르게 그리고 쉼 없이 기도할 수 있게 하신다. 이것이 우리에게 필요하기 때문이다. 그래서 주님은 이것을 우리에게 명하셨고 우리에게 받기 원하신다. 그에게 찬송과 영광과 감사를. 아멘"(루터).

7 그의 행위를 모세에게,
그의 행사를 이스라엘 자손에게
알리셨도다

8 여호와는 긍휼이 많으시고
은혜로우시며 노하기를
더디 하시고 인자하심이
풍부하시도다

9 자주 경책하지 아니하시며 노를
영원히 품지 아니하시리로다

¹⁰ 우리의 죄를 따라 우리를
처벌하지는 아니하시며 우리의
죄악을 따라 우리에게 그대로
갚지는 아니하셨으니

¹¹ 이는 하늘이 땅에서 높음같이
그를 경외하는 자에게
그의 인자하심이 크심이로다

¹² 동이 서에서 먼 것같이
우리의 죄과를 우리에게서
멀리 옮기셨으며

아침 기도의 축복

하루 전체가 질서정연해지는 것은 거기에 통일성이 있을 때입니다. 이러한 통일성은 아침 기도 때 구하고 얻어야 하며, 이는 일을 할 때 확실해집니다. 아침의 기도는 그날을 결정합니다. 우리가 부끄럽게 낭비한 시간, 이기지 못한 유혹들, 연약함과 낙담 속에서 일하는 것, 다른 사람들과의 교제나 우리의 생각에서 나타나는 무질서함과 방종은, 종종 아침 기도의 소홀함에서 비롯됩니다.

질서와 시간 안배는 기도를 통해 더 뚜렷해집니다. 주중에 따라오는 유혹들은 아침에 하나님께 부르짖는 것으로 극복할 수 있습니다. 어떠한 결정을 해야 할 때 사람을 두려워하기보다 오직 하나님 앞에서 기도하면 그 일은 더 쉽고 간단하게 해결됩니다. "무슨 일을 하든지 마음을 다하여 주께 하듯 하고 사람에게 하듯 하지 말라"(골 3:23).

기계적으로 하는 일에서도 하나님과 그분의 명령을 의식한다면 더 참을성 있게 임할 수 있습니다. 우리가 일할 수 있는 힘으로 충만해지는 것은, 하나님께서 오늘 우리가 일하는 데 필요한 힘을 주시도록 간구하는 그곳에서입니다.

13 아버지가 자식을 긍휼히
여김같이 여호와께서는
자기를 경외하는 자를 긍휼히
여기시나니

14 이는 그가 우리의 체질을
아시며 우리가 단지 먼지뿐임을
기억하심이로다

15 인생은 그날이 풀과 같으며
그 영화가 들의 꽃과 같도다

¹⁶ 그것은 바람이 지나가면
없어지나니 그 있던 자리도
다시 알지 못하거니와

¹⁷ 여호와의 인자하심은 자기를
경외하는 자에게 영원부터
영원까지 이르며 그의 의는
자손의 자손에게 이르리니

¹⁸ 곧 그의 언약을 지키고
그의 법도를 기억하여 행하는
자에게로다

디트리히 본회퍼의 삶과 업적

　　본회퍼의 아버지는 베를린의 유명한 의사이자 독일 최초의 정신의학 교수였다. 그의 선조들은 주로 시장市長과 목사를 지냈다. 슈베비슈 할에 있는 교회에는 본회퍼라는 성姓이 적힌 오래되고 높은 묘비석들이 있다. 본회퍼의 어머니는 예나 대학의 유명한 교회사 교수였던 카를 폰 하제 Karl von Hase의 손녀였다. 젊은 시절 하제는 예나 대학 학생회의 자유를 위해 일하다가 호헨아스페르크 요새 감옥에 갇히기도 했다.

　　디트리히 본회퍼는 어머니의 인간적이고 솔직한 모습을 칭송했고, 마음먹은 일에 대한 집중력이 뛰어나며 지혜롭고 신중한 아버지의 모습을 칭송했다. 또한 "상투적인 것에서 실제적인 것으로의 전환"이라는 말에서 짐작할 수 있는 본회퍼의 성향은 그의 아버지가 가진 인격적 특징이기도 했다. 그의 아버지는 실적 위주의 교육에 가치를 두지 않았고, 지나친 감정 표현을 꺼렸다. 디트리히가 마지막에 남긴 편지들 중에는 "나는 자신의 견해를 갖기 전에 객관성, 명백성, 자명성, 섬세함, 단순함과 관련된 많은 저해 요소를 극복해야 한다는 점을 우리 가족의 가장 강한 정신 교육의 요소 중 하나로 여겼다"라는 기록이 있다.

1906년 2월 4일 브레슬라우에서 태어난 디트리히는 베를린-그루네발트에서 많은 형제자매 사이에서 자랐다. 디트리히는 강하고 명민한 소년이었다. 그는 전쟁놀이에서 지는 것을 아주 싫어하였다. 물론 한 번도 진적이 없었다. 어느 날 디트리히는 큰 떡갈나무 화환을 목에 걸고 집으로 돌아왔다. 그때 그의 형제들이 장식을 쓰고 있는 그를 보고서, 승리하는 것은 좋지만 그 승리를 보여 주려고 애쓰는 것은 그다지 좋지 않다고 놀려댔다. 디트리히는 그 놀림을 잊을 수 없었다. 이웃집에는 아돌프 폰 하르나크Adolf von Harnack와 한스 델브뤼크Hans Delbrück의 어린 자녀들이 살고 있었다. 디트리히는 그들과 함께 놀며 음악 연주도 하고 토론과 등산도 했다. 디트리히는 열정적인 피아노 연주자이기도 했다.

"상상 속에서 나는 늘 자연에서 산다. 여름의 중부 산악지대, 프리드리히스브룬에 있는 숲속 초지나 트레제부르크를 넘어 브로켄이 내려다보이는 행엔 위 숲속을 상상한다. 나는 풀밭에 누워 가벼운 바람을 느끼며 구름을 바라본다. 그리고 숲에서 나는 소리를 듣는다.

그러면 마치 내가 높은 산꼭대기나 바닷가에 집을 하나 갖는 것이 불가능하지도 않고, 나의 본질에 반反하는 것처럼 여겨지지도 않는다. 어린 시절에 경험한 강렬한 인상이 한 사람을 형성하는 데 얼마나 많은 영향력을 미치는지! 참으로 묘하다. 중간산악, 특히 하르츠, 튀링거 숲, 베저 산맥은 내 것이나 마찬가지로 나를 형성시켜 준 나의 자연이다."

이 시절의 디트리히는 중부 산악지대에 있는 작은 집에서 살았다.

본회퍼는 한 단편 소설에서, 두 시민 가정과 가까이 지냈던 자신의 경험을 다양한 공적公的 책임을 지는 삶이 시작되는 것으로 묘사하고 있다. 본회퍼는 풍부한 과거를 끊임없이 새롭게 하고 인간적인 모든 것에 큰 관심을 보이는 것을 감사한 유산으로 여겼다. 히틀러 시대에 여러 인간관계가 붕괴되는 와중에도 그는 사랑하는 가족들이 더 깊고 강하게 결속되는 것을 경험하기도 했다. 가족들 각각이 가진 직업과 일의 목표 또한 아주 다양했다. 가장 힘든 분열의 시험이 있을 때도 함께 힘을 모아서 하는 일에는 어떠한 어둠의 그림자도 침투

하지 못했다. 각 사람들은 가정에 있든 혹은 고통스러운 망명 생활로 형제들과 멀리 떨어져 있든 서로의 마음을 자신의 마음처럼 배려했다.

본회퍼는 열여섯 살이 되던 해에 신학자가 되어야겠다고 마음먹었다. 그는 튀빙겐 대학에서 1년을 보낸 뒤, 1924년에 베를린 대학에 입학하여 거기서 나머지 대학 시절을 보냈다. 베를린에서 그는 노인이 된 아돌프 폰 하르나크와 함께 아침마다 전철을 타고 등교했다. 철저하게 자기 자신이 완전히 이해한 것만 말하고자 했기 때문에 한때 교회의 신앙고백을 바꾸고자 격렬하게 투쟁한 적이 있던 하르나크는 본회퍼와 대화하는 것을 즐거워했다. 하르나크는 이 젊은 신학자를 통해 새로운 세대가 오고 있음을 느꼈다. 새로운 세대는 이제 더 이상 문자에 매달려 싸우는 세대가 아니라 위험 속에서도 그들의 신앙을 고백문으로 밝혀야 하는 세대였다. 본회퍼와 함께하던 사역을 그만두어야 했을 때 하르나크는 그에게 이렇게 편지를 썼다. "바른 궤도 위에 있는 자네의 활동과 진척을 진심으로 신뢰하네." 본회퍼는 하르나크를 비롯해 당시 영향력 있던 베를린의 교수들인 홀Holl, 제베르크Reinhold Seeberg, 리츠만Hans Lietzmann 그리고 뤼트게르트Wilhelm Lütgert에게 배우고 그들의 호의를 얻기도 했지만, 얼마 안 있어 본회퍼는 자신이 한 번도 배운 적 없었던 카를 바르트K. Barth의 신학인 현대 "교회신학Theologie der Kirche"의 주요 협력자 중 한 사람에 속하게 되었다.

본회퍼는 본에서 바르트의 세미나 수업을 청강한 적이 있었다. 이 세미나 토론에서 본회퍼는 루터를 인용하면서, "불신자의 저주가 하나님의 귀에는 경건한 자들의 할렐루야보다도 더 편안하게 들릴 수도 있다"라며 이의를 제기했다. 그러자 바르트는 "이의를 제기한 사람이 누군가?" 하며 대단히 관심을 보였다. 그렇게 해서 바르트는 디트리히 본회퍼를 알게 되었다.

스물한 살 때, 본회퍼는 박사학위 논문으로 성도들의 교제Communio Sanctorum에 관한 교의학 연구를 제출했다. 그리고 후에 본회퍼는 교수 자격 논문인 〈행동과 존재Akt und Sein〉에서 철학을 도구로 변증법적 신학의 위치를 마련하고 그 중요성을 일깨우는 데 기여하였다.

그는 1928년 바르셀로나에서 목사후보생이 되었다.

그는 투우 경기의 매혹적인 예식을 전문가적인 식견으로 설명하였다. 그는 투우 경기에 고대 문화의 귀족적인 요소가 전혀 없다는 것을 우리에게 설득하려 했다.

1929년 베를린으로 다시 온 본회퍼는, 베딩에 있는 입교준비반 청소년들의 신앙교육을 맡게 되었다. 그 누구도 감당하기 힘들어하던 청소년들을 본회퍼가 잘 이끌었기에, 수년이 지난 후에도 그 청소년들은 스스로 그룹을 만들고, 본회퍼가 그들을 위해 베를린 비젠탈에 마련한 별장에서 수양회도 했다.

"발붙일 곳 없는 삶 속으로 그냥 밀려들어 온 그들이 무슨 죄가 있단 말입니까? 당신은 이들을 그냥 지나칠 수 있단 말입니까?" 본회퍼가 쓴 단편 희곡 중 어느 노동자가 한 시민 계급의 아들에게 묻는 말이다. 본회퍼는 1929년 당시 도움이 막막한 청소년들과 함께 몰두했던 이 단편 희곡 속의 질문을 1943년 감옥에서 다시 떠올렸다. "발붙일 곳이라…. 그렇다, 나는 그것을 전혀 의식하지 못했다."

교수 자격 논문이 통과된 후 개신교협의회Oberkir-chenrat는 본회퍼에게 안식년을 주어 뉴욕에 있는 유니온 신학교에서 연구할 수 있도록 해주었다. 이 신학교는 "미국을 비판하는 중심지로 유명했고 선망받는 학교" 였다. "… 모든 사람이 각자 자신의 의견을 자유롭게 말할 수 있는 곳이다. 이것은 미국 사람들 고유의 용기 있는 시민 정신을 통해 그리고 개인의 사적인 교제를 저해하는 관료적 행태를 없앰으로써 이루어졌다"(본회퍼가 1931년에 쓴 보고문 참고). 본회퍼는 이 시기에 두 명의 니부어Niebuhr와 친구가 되었다. 평등권을 위해 싸운 흑인 영성 그리고 노예 해방 전쟁과의 만남은 본회퍼를 사로잡았다. 얼마 후 독일에 높은 장벽이 쳐지고 있을 무렵, 본회퍼는 자신의 학생들을 새로운 도전을 지닌 이 세계 속으로 이끌어 주었다. 그들은 〈나지막이 흔들리는, 경쾌한 마차swing low, sweet chariot〉라는 노래를 함께 불렀다. 이 노래가 라디오와 콘서트홀을 통해 유명해지기 20년 전의 일이었다. 본회퍼가 1939년에 두 번째로 미국을 방문했을 때 그는 자기의 보고문을 어디에도 출판할 수 없었다. 그는 분명하게 "종교개혁 없는 개신교"(미국)와 종교개혁을 겪은 교회들(유럽-옮긴이) 간 대화의 가능성을 깊이 있게 서술했다.

베를린으로 돌아간 본회퍼는 대학에서 강의를 했고 곧 그를 중심으로 모임이 형성됐다. 헤겔 세미나를 통해서는 프레벨로어Prebelower 모임이 생겼다. 본회퍼는 교회 개념에 대해 날카롭게 비판했는데, '가시적 교회ecclesia visibilis' *인 옛 프로이센 유니온 교회를 사랑하는 것조차도 경계했다. 본회퍼는 창세기 1–3장에 대한 신학적 주해를 한 자신의 강의를 토대로 첫 번째 책《창조와 타락Schöpfung und Fall》을 저술했고 이 책은 널리 알려졌다. 이와 함께 본회퍼는 샤를로텐부르크 공과대학에서 신학생들을 돌보았다. 설교도 너무 많았고 강연도 쇄도했다. 그러나 선도적인 대학교회는 생겨나지 않았다. 아직 때가 이르지 않았던 것이다. 그래서 본회퍼는 이 과제를 교회 지도부에게 맡겼다. 그는 과시욕으로 일하고 싶지는 않았다.

1933년 2월에 베를린 라디오 방송에서 본회퍼의

가시적 교회란 하나님으로부터 구원받은 자와 구원받지 않은 자가 공존하는 눈에 보이는 교회(유형교회)를 칭하는 말로, 구원받은 자들로만 구성된 보이지 않는 교회(무형교회)를 칭하는 '비가시적 교회'와 대비되는 말로 사용한다.

강연이 있었다. 그는 이 강연에서, 추종자들의 우상이 나 거짓 신이 되기를 거부하고 단호히 선을 긋지 않는 자는 분명 잘못된 길로 이끄는 지도자이며 그런 지도자 를 동경하는 것은 잘못된 것이라고 강하게 비판했다. 스스로를 하찮게 여겨 아버지와 교사와 재판관의 참된 권위자에게로 이끌지 않는다면 그는 우상인 것이다. 이 방송은 본회퍼가 강연을 다 끝내기도 전에 중단되고 말 았다. 이로써 우상과 거짓 신이 우세해졌다는 사실이 분명하게 드러났다. 1933년 10월에 본회퍼는 런던에 있는 독일 교회 두 곳에서 청빙을 받았다. 그는 '독일 기 독교' 건물 안에서는 어떠한 자리에도 앉고 싶지 않았 다. "이제 중요한 것은 조용히 인내하며 화려한 건물의 모든 구석에 진리의 불을 놓는 것이다. 언젠가 건물 전 체가 무너지도록 말이다." 그래서 본회퍼는 가르치던 학생들과 작별하고 런던으로 갔다.

외국에서 본회퍼는 독일 교회에서 일어나는 일에 대해 가장 잘 파악하는 중요한 해석자였다. 그는 치체 스터 교구의 주교와도 깊은 친분을 맺게 되었다. 치체 스터 주교는 1945년 파괴된 베를린을 방문했을 때 본회퍼의 부모를 가장 먼저 찾아갔다. 본회퍼는 1934년 파뇌에서 열린 회의에 독일 청소년대표단을 이끌고 갔다가 이미 히틀러의 수하가 된 '독일 기독교' 당국의 사절단과 심한 충돌을 일으켰다. 덴마크 주교인 암문트젠 Ammundsen은 독일 고백교회를 지지하는 데 한 표를 던졌다. 암문트젠은 〈고백교회와 교회연합 Die Bekennende Kirche und die Ökumene〉이라는 논문에서 "파뇌의 회의와 함께 교회연합은 새로운 시대로 접어들었다"라고 평가했다. 이 시대란 구속력이 없는 연합에 양도하는 시대, 아니면 그리스도의 교회를 찬성하고 반대하는 결정의 전환 가운데 있는 시대를 말했다.

인도의 영국인 친구 앤드루스 C. F. Andrews를 통해 간디를 만나러 여행 갈 채비 중이던 본회퍼는—영국의 세계는 평화운동에 관심을 일깨워 주었다—고백교회로부터 청빙을 받았다. 젊은 목사후보생들을 위한 비상사태 시 긴급 교육을 위해 포메른에 있는 목사후보생 교육기관을 맡아 달라는 것이었다. 그는 그곳으로 갔다. 본회퍼는 1935년 4월에 스물다섯 명의 목사후보생과 징스트로 옮긴 뒤, 또 다시 핑켄발데로 가서 그들과 함께 가건물에서 생활했다. 그는 물질적으로나 정신적으로 자기 소유물, 개인 시간 그리고 자신의 계획 등을 나누었다. 본회퍼는 관대했다. 그의 앞에서는 사소한 모든 것이 햇빛 속의 눈처럼 사라지곤 했다. 사람들이 본회퍼를 처음 대할 때는 대체로 그가 지닌 사고력과 그 사고의 엄격함에 놀라서 멈칫한다. 그러나 사람들은 본회퍼가, 자신들이 그동안 제대로 요구해 보지 못한 것들을 요구할 수 있도록 조언하고 경청해 주는 능력이 누구보다 뛰어나다는 것을 곧 알아차리곤 했다. 이곳의 세미나는 모든 것이 새로웠다. 본회퍼는 종종 생전 처음 해보는 것처럼 신학 공부와 공동체 생활, 교회 정치에 관한 견해들을 나누었다. 그는 점차 자신의 영향력이 얼마나 큰지 알게 되었다. 이것은 본회퍼에게 신앙적으로 가장 힘든 시험이었다. 자신의 영향력을 인식하는 동시에 자신의 건강과 활동력, 우월감과 판단을 다른 사람에게 주입하기 싫어하는 마음이 강하게 덮칠 때마다 본회퍼는 괴로웠다. 그는 주체성 없는 것을 매우 싫어했다. 그래서 인간의 자립성에 대해 매우 진지하게 생각했던 것이다.

모든 비겁한 가르침에 대항하는 투쟁적인 글도 이 시기에 나왔다. "우리는 바르멘과 달렘 뒤로 … 더 이상 물러설 수 없다. 하나님의 말씀 뒤로 물러날 수 없기 때문이다."

본회퍼는 고백교회의 질문을 구원에 대한 질문과 연결시키려 하였고, 그로 인해 풍파가 일어났다. 이 시기에 《제자도Nachfolge》(1937)와 《신도의 공동생활Gemeinsames Leben》(1938)이 출간됐다. 본회퍼는 《제자도》에서 싸구려처럼 팽개쳐진 값싼 은혜에 대항했고, 《신도의 공동생활》에서는 핑켄발데의 경험에서 우러나온 성경적인 통찰을 보여 주었다. 그리스도인이 된다는 것이 무엇을 의미하는지 깨닫게 해주는 이 두 책은 본회퍼 생전에 나온 것으로 그의 명성을 가장 널리 알린 책이다. 그는 여러 방면에서 성경에 대한 사랑을 다시금 일깨웠다. 이 시편 노트가 출간되자마자 본회퍼는 곧 저술활동 금지 명령을 받았고, 목사후보생 교육기관도 폐쇄 조치되었다.

그 사이 본회퍼의 삶과 사상을 관통하는 또 다른 도약이 시작되었다. 매형 한스 폰 도흐나니Hans von Dohnanyi를 통해 본회퍼는 프리치Fritsch 대령의 절박한 위기 상황과 베크Beck 대령 주변에서 시작된 체제 전복 계획을 알게 되었다. 한때 평화적인 일의 대변인이던 그에게는, 당시 독일에서 일어난 전대미문의 사건 앞에서 정치·군사적으로 저항하는 사람들과 접촉하기를 피하는 것이 일종의 도주로 여겨졌다. 물론 모든 사람이 그와 똑같이 행동해야 하는 것은 아니지만 본회퍼는 더 이상 '죄 없고 경건한' 공간으로 피해 있을 수 없다는 것을 깨달았다. 국민들은 이에 대한 책임을 회피하고 있었고 이것은 명백한 죄였다. 본회퍼는 자신이 국민들의 이러한 죄를 감당하고 대신해야 하는 위치에 있다고 생각했다. 교회가 세상 권력을 이용해 자신을 방어해서는 안 된다. 그렇지만 고백교회조차 전권을 잃어버렸다는 사실은 그에게 큰 걱정거리가 되었다. 왜냐하면 고백교회가 유대인을 위한 희생은커녕 그 자체의 존립 문제 때문에 자신들의 재정과 법적 권리 문제로 싸워야 될 처지에 놓였기 때문이다. 본회퍼는 하나님이 자신을 태어나게 하고 은사를 주신 그 자리에서 독일 국민으로서의 책임감을 한없이 느꼈다. 그에게는 이주할 마음이 전혀 없었다.

1939년에 강연차 미국에 갔을 때, 본회퍼는 친한

친구들로부터 미국에 남으라는 매혹적인 제안을 받았다. 본회퍼가 지닌 교회연합 정신과 지도 능력은 그가 미국에서 살아갈 수 있는 하나의 길이기도 했다. 그러나 본회퍼는 불 보듯 뻔한 죽음의 길로 돌아가기 위해 마지막 배를 탔다. 당시 그의 일기장에는 이렇게 기록되어 있다. "내가 왜 여기 있는지 모르겠다. … 독일의 형제들을 생각하면서 드린 우리의 짧은 기도가 나를 강력하게 사로잡았다. … 지금 상황이 불안정하다면 나는 분명히 독일로 가야 한다. 전쟁이 일어나면 나는 여기(미국-옮긴이)에 머무르지 않을 것이다. …" 그리고 며칠 뒤 이렇게 썼다. "나는 배를 탄 후에야 비로소 미래에 대한 내적인 불안이 사라졌다."

몇 년 뒤 본회퍼는 감옥에서 이렇게 썼다. "너는 내가 1939년에 고국으로 되돌아온 것에 한순간도 후회하지 않았다는 것을 알아야 한다. 그 후 일어난 모든 일에 대해서도 말이다. 그것은 분명히 최선의 양심으로 결정한 일이었다. 지금 내가 여기 앉아 있는 것은 내가 택한 독일의 운명에 동참하는 것이다."

독일로 다시 돌아온 본회퍼는 고백교회의 임무와

저항 운동의 과제, 가택 수색을 당하는 일, 그리고 계획 중이던 《윤리학Ethik》 저술 작업을 오가는 생활을 했다. 그가 일생의 과제로 여겼던 《윤리학》은 그의 사후에야 출간되었다(1949년). 이 기간에 그는 여행도 몇 차례 다녀왔다. 가장 힘들고 긴장되던 시간은 1942년 스톡홀름으로 갔던 때였다. 그때 본회퍼는 치체스터 주교에게 체제 전복의 배후 인물들과 그룹의 정보를 알려 주었다. 본회퍼는 강의 금지, 저술활동 금지, 베를린에서의 추방 명령 등으로 인해 교회 사역에 심한 방해를 받았다. 그러나 다른 한편으로 그를 환영하는 여러 나라에서는 입국 비자를 주고 특권층 사람들에게만 내주는 특사特使 신분증명서도 주는 등 각별한 지지를 보냈다. 본회퍼는 에탈 베네딕트 수도원에서 《윤리학》 전권全卷을 썼고, 다른 저작들은 포메른의 클라인-크뢰신에 있는 클라이스트Kleist 부인의 여름 농장에서 저술하였다.

　그러던 중 사건이 터진 것은 1943년 4월의 화창한 월요일이었다. 한스 폰 도흐나니가 직장에서 끌려갔다는 연락이 왔다. 본회퍼의 방은 아직 불리한 단서 없이 잘 정돈된 상태였다. 곧 예상했던 자동차가 도착했고,

그는 1943년 4월 5일부터 1944년 10월 8일까지 테겔 군대감옥에 수감되었다.

진정으로 도움이 되는 말을 해주는 목사가 '그곳'에 있다는 것을 알게 된 간수들은 절망에 빠진 수감자들이 있는 방으로 본회퍼를 몰래 데려가곤 했다. 그 간수들은 먼 훗날을 위해 본회퍼의 사역과 논문과 시를 지켜 주었고, 가족이나 친구들과 접촉할 수 있도록 비상연락망까지 구축해 주었다. 본회퍼는 감옥 안에서 사계절의 변화와 빗발치듯 쏟아지는 융단폭격 그리고 심문 과정의 긴장감, 이 모든 것을 적나라하게 경험했지만 감옥 밖에 있는 사람들에게는 이렇게 썼다. "당신에게 일어나는 모든 것을 즐기시오."

본회퍼는 "다른 이들을 위해 존재하시는" 고난받는 그리스도의 사역에 참여하는 은혜를 숙고했다. 그리고 19세기의 놀라운 세상에 대해 바깥 세계 사람들과 대화하기도 했다. 본회퍼는 수감자들과 함께 있는 목사였다. 그는 믿음 없는 세계 옆에 그 어떤 경건한 체하는 세계를 구축하고 싶지 않았다. 그리고 7월 20일, 체제 전복이 실패했다는 충격적인 소식을 들은 그는 피할 수

없는 새로운 책임과 결과 그리고 고통을 짊어지기 위한
공적인 책임을 져야 했다.

　　9월에 초세너 문서 Zossener Arkenfund (저항 인물 카나리스
Canaris, 오스터Oster, 폰 도흐나니에 대한 자료)와 함께 그의 생애
마지막 날들이 프린츠-알브레히트 거리, 부헨발트, 쇤
베르크 그리고 플로센뷔르크에서 시작되었다. 외부와
의 접촉은 차단되었다. 나치 비밀경찰이 모든 소식을
단절시켰다. 본회퍼는 마지막 주간을 러시아인 · 영국
인 · 프랑스인 · 이탈리아인 그리고 독일인 등 여러 나라
에서 온 남녀 수감자들과 함께 보냈다. 영국 장교인 페
인 베스트Payne Best는《벤로 사건The Venlo Incident》에서 이렇
게 기록하고 있다. "본회퍼는 쾌활했고 … 아주 사소한
일에도 늘 기뻐하고 행복해했으며 단지 그가 살아 있다
는 그 사실에 깊이 감사하는 사람이었다. … 그는 내가
만나 본 사람들 중 하나님이 임재하시며 늘 가까이하신
몇 안 되는 이들 중 한 명이었다." 그들은 목탄가스 차량
에 태워져 이 수용소에서 저 수용소를 거쳐 최전방으로
이송되며 불확실한 나날을 지났다.

　　페인 베스트는 다음과 같이 증언했다. "1945년 4월

8일 일요일. 본회퍼 목사는 작은 예배를 인도하면서 우리 모두의 마음에 와 닿는 말을 했다. 그는 우리의 갇힌 정신과 생각 그리고 우리를 이끌고 가는 결단을 적절한 말로 표현했다. 그가 마지막 기도를 채 마치기도 전에 문이 열리고 두 민간인이 들어와서 이렇게 말했다. '수감자 본회퍼 씨! 함께 갑시다!' 거기 있던 수감자들은 '함께 가자'는 말이 '사형대'를 의미한다는 것을 모두 알고 있었다. 우리는 그에게 작별인사를 했다. 그가 내 옆으로 다가와 이렇게 말했다. '이것이 마지막이나, 나에게는 생명의 시작이오.' 다음날 그는 플로센뷔르크에서 교수형을 당했다."

본회퍼는 본래 슈티프터Stifter의 책들을 참 좋아했는데, 그 일이 일어난 곳이 공교롭게도 바이에른 숲, 즉 슈티프터의 숲에 있는 쇤베르크의 한 교실이었다. 그날에 본회퍼가 전했던 성경 구절은, "그가 상함으로 우리가 나음을 입었다"였다. 마지막 순간 그의 곁에는 과거 반대 종파였던 많은 형제들과 모든 적대 국가의 사람들이 함께 있었다.

디트리히 본회퍼는 가끔 자신이 늙지 않을 거라 말

했다. 그의 세대는, 자신이 일생을 바친 모든 작업이 무르익고 성숙하여 결실을 맺도록 놔두지 않을 것이라는 의미이다. 너무 이른 시기에 부러진다는 것은 비할 바 없이 강하다는 증거인데, 본회퍼가 바로 그러한 사람이었다. 디트리히 본회퍼는 그리스도와 함께한다는 것이 무엇인지를 말하는 것으로 시작하여, 그리스도가 우리와 함께한다는 것을 가르치는 것으로 끝을 맺었다.

"우리의 인생은 삶의 조각들이 대체 어떻게 전체를 이루며 어떻게 계획되고 어떤 재료로 구성되는지를 바라보는 데 달려 있다. 결국 작은 티끌이 모여 작은 조각을 이루고, 이 조각들은 수백 년을 거치는 동안 의미를 지니게 된다. 이 단편 조각들의 완성은 전적으로 신의 영역이기 때문에, 이 단편들은 또한 단편들이어야만 한다. 예를 들어 푸가의 기법에 대해 생각해 본다. 설사 우리의 인생이 이런 작은 단편 조각일지라도, 우리의 삶이 아주 잠시나마 좀 더 강하고 증강된 다양한 주제의 단편 조각들과 조화를 이루고, 이 조각들 속에서 처음부터 끝까지 커다란 대칭점을 이루다가 마침내 깨어진 후에는 적어도 '나는 이것을 가지고 당신의 보좌 앞에 나아갑니

다'라고 찬송을 부를 수 있을 것이다. 그러면 우리는 단
편 조각 같은 우리의 삶에 대해 한탄하기보다 오히려 그
것을 기뻐하게 될 것이다"(1944년 2월 21일자 편지).

에버하르트 베트게

옮긴이 최진경

효성여자대학교 영어영문학과(B. A.)와 총신대학교 신학대학원(M. Div. Equ.)
및 총신대학교 일반대학원 신학과(Th. M)를 졸업했다. 독일 부퍼탈
신학대학교 신학과에서 실천신학을 전공했으며 세부전공으로
기독교교육학을 공부했다. 그리고 코메니우스의 교육신학사상 연구로
신학박사 학위(Dr. theol.)를 취득했다. 현재 경기도 용인에 있는
웨스트민스터신학대학원대학교 기독교교육학과 교수로 재직 중이다.
지은 책으로는 《신학자 코메니우스》(CLC), 《코메니우스》(킹덤북스),
《성경학교 교육론》(대한예수교장로회총회)이 있고, 옮긴 책으로 요한 아모스
코메니우스의 《세상의 미로와 마음의 천국》, 파이트–야코부스 디터리히의
《요한 아모스 코메니우스》(이상 지만지)가 있다.

본회퍼의 시편 이해
기도의 책

Die Psalmen
Das Gebetbuch der Bibel

지은이 디트리히 본회퍼
옮긴이 최진경
펴낸곳 주식회사 홍성사
펴낸이 정애주
국효숙 김의연 박혜란 손상범
송민규 오민택 임영주 차길환

2007. 2. 20. 초판 1쇄 발행
2019. 10. 15. 개정판 1쇄 발행   2024. 8. 16. 개정판 7쇄 발행

등록번호 제1-499호 1977. 8. 1.
주소 (04084) 서울시 마포구 양화진4길 3
전화 02) 333-5161   팩스 02) 333-5165
홈페이지 hongsungsa.com   이메일 hsbooks@hongsungsa.com
페이스북 facebook.com/hongsungsa
양화진책방 02) 333-5161

Die Psalmen. Das Gebetbuch der Bibel by Dietrich Bonhoeffer
First published in German in 1940 by MBK-Verlag, Bad Salzuflen,
in 1995 by Brunnen/MBK-Verlag, Gießen.
This Korean translation ⓒ Hong Sung Sa. Ltd., 2007

ISBN 978-89-365-1386-3 (03230)

¹⁹ 여호와께서 그의 보좌를
하늘에 세우시고 그의
왕권으로 만유를 다스리시도다

²⁰ 능력이 있어 여호와의
말씀을 행하며 그의 말씀의
소리를 듣는 여호와의
천사들이여 여호와를 송축하라

²¹ 그에게 수종들며 그의
뜻을 행하는 모든 천군이여
여호와를 송축하라

²² 여호와의 지으심을 받고
그가 다스리시는 모든 곳에 있는
너희여 여호와를 송축하라
내 영혼아 여호와를 송축하라